Günter Gebhardt

Militärwesen, Wirtschaft und Verkehr

in der Mitte des Kurfürstentums und Königreichs Hannover
1692–1866

„Eine Chronik schreibt nur derjenige,
dem die Gegenwart wichtig ist. "

Johann Wolfgang von Goethe (1749-1832)

Goethes Werke, Hamburger Ausgabe, Band XII, 6. Auflage,
Christian Wegner Verlag, Hamburg 1967, S. 390

Günter Gebhardt

MILITÄRWESEN, WIRTSCHAFT UND VERKEHR

in der Mitte des Kurfürstentums und Königreichs Hannover
1692–1866

Stuttgart 2010

Edition Noëma

Bibliografische Information der Deutschen Nationalbibliothek
Die Deutsche Nationalbibliothek verzeichnet diese Publikation in der Deutschen Nationalbibliografie; detaillierte bibliografische Daten sind im Internet über http://dnb.d-nb.de abrufbar.

Bibliographic information published by the Deutsche Nationalbibliothek
Die Deutsche Nationalbibliothek lists this publication in the Deutsche Nationalbibliografie; detailed bibliographic data are available in the Internet at http://dnb.d-nb.de.

Umschlaggestaltung, Bildbearbeitung und Satz: Matthias Blazek

Lektorat: Matthias Blazek

Abbildungen auf dem Umschlag: Oben: Mitarbeiter des Wasseramtes Winsen bei Befestigungsarbeiten an der Chaussee Hannover-Celle, in Höhe der früheren Bäckerei Fischer in Westercelle, 1887. Foto: Hans Schubotz, abgebildet in: Matthias Blazek; Wolfgang Evers, Dörfer im Schatten der Müggenburg, Celle 1997, S. 118. Unten: Aquarell von Adolf Hornemann: Das Gestüt Herrenhausen um 1850. Abdruck mit freundlicher Genehmigung des Historischen Museums Hannover.

Alle Fotos und Abbildungen im Buch stammen, soweit nicht anders angegeben, aus dem Archiv des Verfassers.

∞

Gedruckt auf alterungsbeständigem, säurefreien Papier
Printed on acid-free paper

ISBN-13: 978-3-8382-0184-9

© *ibidem*-Verlag
Edition Noëma

Stuttgart 2010
Alle Rechte vorbehalten

Printed in Germany

Geleitwort

Liebe Leserinnen und Leser,

die amerikanische Schriftstellerin Pearl S. Buck sagte einmal: „Wenn man das ‚Heute' verstehen will, sollte man im ‚Gestern' suchen."

In dem vorliegenden Buch von **Günter Gebhardt** macht es ganz einfach Spaß, sich mit einem Stück „Gestern" unserer Heimat, der Landeshauptstadt Hannover, der Region, aber auch den Städten Celle oder Hameln zu beschäftigen.

In vielen Details belegt und beschreibt der Autor das Militärwesen sowie die Entwicklung von Verkehr und Wirtschaft in der Mitte des Kurfürstentums und Königreichs Hannover.

Dabei wirken die von ihm benannten Zahlen und Daten weder belehrend noch langweilig. Sie lassen staunen und schaffen neues Wissen. Oder wussten Sie, dass ein Oberstallmeister 1796 2000 Taler, ein Leibkutscher 216 oder ein Pferdearzt 120 Taler im Jahr verdienten?

Wen das Entstehen der Herrenhäuser Wasserkunst, die königliche Jagd im Deister oder im Tiergarten Hannover interessieren, wer sein Wissen über die Richtstätten und Gefängnisse Hannover sowie ein Stück Entwicklung Militärgeschichte erweitern möchte, sollte auf alle Fälle zu diesem Buch greifen. Hier gibt es keine Nachhilfe – aber die Möglichkeit, sein persönliches heimatkundliches Interesse aufzufrischen und ursprüngliches Wissen zu erweitern.

Bernd Strauch
Bürgermeister und Ratsvorsitzender der Landeshauptstadt Hannover

Gliederung

Einleitung

Diese Arbeit ist eine Auswahl aus ca. 60 Artikeln, die sich auf das Zentrum des ehemaligen Kurfürstentums und Königreich Hannover beziehen. Wegen der Vielfalt der Themen musste eine Konzentrierung auf vier Sachbereiche vorgenommen werden.

Der erste Bereich befasst sich mit dem Militärwesen. Von den Festungen, die das Zentrum des hannoverschen Herrschaftsgebietes schützen sollten, wurde die Stadt Hannover selbst und das Fort George der Stadt Hameln ausgewählt, von denen die letztgenannte nur eine kurze Lebensdauer besaß.

In einer Zeit, in der größere Lasten nur durch Pferde bewegt wurden, kam den Gestüten und Marställen große Bedeutung zu, die hier in zwei Artikeln vermittelt wird. Die Artillerie des Königreichs wurde in der Geschützgießerei von Celle ausgerüstet und hier dargestellt. Waren die Truppen ausgebildet, so stellten sie sich in Manöver und Paraden ihrem Herrscher vor. Kam es dann zum Einsatz in offener Feldschlacht, mussten auch Niederlagen, wie hier in der Schlacht von Hastenbeck 1757, hingenommen werden. Bei Langensalza musste die hannoversche Armee 1866 trotz Sieg die Waffen strecken. Einen Nachhall bildete der Versuch, durch die Welfenlegion das Königreich zu erhalten.

Der zweite Bereich behandelt die Einrichtungen und Gebäude innerhalb der Stadt Hannover wie beispielsweise die Bergwarenhandlung, den Historischen Tiergarten, als auch die Wasserkunst in Herrenhausen und die Waterloosäule mit benachbarten Gebäuden. Einbezogen wurden auch die Gerichtsstätten der Stadt. Außerhalb Hannovers werden die Mühlen an der Ihme und im Sünteltal betrachtet, ebenfalls die königliche Jagd im Deister und die Verwaltung der Ämter. Die Vorbedingungen zur Entwicklung der Wirtschaft sind durch die im dritten Bereich dargestellten Land- und Wasserstraßen gegeben. Hier sind die Poststraßen zwischen Hannover und Celle sowie die Straßen und Wege über den Deister abgehandelt. So wie man heute den Straßenbau durch die Kfz-Steuer finanziert, so versuchte man im 19. Jahrhundert durch die Erhebung von Wegegeldern an so genannten Barrierehäusern, hier auch um Hannover, den „Wegebau" zu finanzieren.

Im Teil vier werden Aspekte der Gewinnung und Verarbeitung von Bodenschätzen betont. Darunter ist besonders die Bedeutung der Tätigkeit von Johann und Georg Egestorff für die hannoversche Industrie gemeint, die in hohem Maße mit dem Steinkohlenbergbau im Deister in Verbindung stand, aber auch mit anderen Fabrikationszweigen. Im weiteren Sinne wird auch die Torfgewinnung als bergbauliche Tätigkeit gewertet – hier dargestellt durch die Entwicklung im Gebiet der Moore um Hannover, die dann auch den Abschluss bildet.

Danke für die tatkräftige Unterstützung!

Das vorliegende Buch entstand nach jahrelanger Archivarbeit, die ohne die geduldige Förderung durch Mitglieder des Stadtarchivs Hannover und des Niedersächsischen Landesarchivs nicht möglich gewesen wäre. Besonderen Dank richtet der Verfasser an Frau Kerstin Hoffmann (Landesarchiv), Herrn Werner Heine (Stadtarchiv) und an die freundlichen Mitarbeiter des Magazins Pattensen des Niedersächsischen Landesarchivs.

Der Autor fand, dass er für seine Arbeit tief genug gegraben hätte. Er wurde von seinem Lektor, Herrn Matthias Blazek (Adelheidsdorf), eines Besseren belehrt. Dieser ergänzte und vertiefte den Text und brachte ihn in die richtige Form. Ohne seine Hilfe wäre die Fertigstellung dieser Arbeit vermutlich nicht gelungen. Herzlichen Dank!

Günter Gebhardt, Heimatkundler
Hannover, im Oktober 2010

Im Buch verwendete Abkürzungen:

Abb.	Abbildung
Bd.	Band, Bände
ca.	circa, zirka
d. Ä.	der Ältere
Dep.	(Archivalien) Depositum
Hrsg.	Herausgeber(in)
Jg.	Jahrgang
Jh.	Jahrhundert(s)
jun.	junior
a. Rbge.	(Neustadt) am Rübenberge
NS-Stellen	Staatliche Behörden zur Zeit der nationalsozialistischen Diktatur im Deutschen Reich 1933-1945
PS	Pferdestärke(n)
sen.	Senior
sog.	so genannte(n)
v.	von

8

Das Militärwesen

01

Hannover war einst Festungsstadt

Hannover, im Flachland gelegen, war im Mittelalter durch Wasserläufe kaum geschützt. Der Rat der Stadt begann 1297 gegen den Willen des Landesherrn mit dem Bau einer Stadtmauer. Im späteren Verlauf entstand ein Mauerring mit 34 Türmen sowie Gräben und Wällen. Im Dreißigjährigen Krieg (1618-1848) wurde die Stadt zum Glück nicht belagert oder beschädigt. Man sah jedoch die Notwendigkeit, Hannovers Altstadt zusammen mit der noch jungen Neustadt besser zu schützen. Es entstand ein auf Bastionen und Ravelins gestütztes Verteidigungssystem. In den nächsten hundert Jahren wurden diese Anlagen instand gehalten, zum Teil auch weiter ausgebaut. Großen Verdienst daran hatte nach 1745 der Festungsbaumeister Georg Friedrich Dinglinger jun. (1702-1785). Durch Stadterweiterungen 1747-1749 wurde allerdings der Verteidigungswert der Werke geschwächt. Der Siebenjährige Krieg (1756-1763) zeigt, dass durch verbesserte Technik, besonders bei der Artillerie, Festungen nicht mehr zeitgemäß und auch zu teuer waren. So erfolgte ab 1779 die Niederlegung der Festungswerke. Dies zog sich bis zur Mitte des 19. Jahrhunderts hin. Reste der Anlagen blieben bis nach 1900 erhalten.

Der Aufbau der Stadtbefestigung vom Mittelalter bis 1600

Ursprünglich bestand im 11. Jahrhundert an der heutigen Burgstraße ein herrschaftlicher Hof, der durch Palisaden geschützt gewesen sein kann. Während der Herrschaft Heinrich des Löwen geschah die Anlage eines Walles und eines Grabens von fünf Metern Breite und 1,5 Metern Tiefe. Diese Befestigungen sind auf dem Grundstück Georgstraße 63 nachgewiesen worden. Zur Zeit des Streites des Sachsenherzogs mit den beiden Kaisern Friedrich I. und Heinrich VI. zerstörten deren Truppen die Anlagen der jungen Siedlung. Nach der Stadtwerdung Hannovers 1241 wurden breitere Wälle und tiefere Gräben angelegt. Die Burg Lauenrode der Grafen von Roden wurde 1271 zerstört und ihr Material zur Erhöhung der Wälle verbaut. Etwa 1297 begann die Stadt mit dem Bau einer Mauer. Dies geschah unerlaubt, was zu einem blutigen Streit mit Bewaffneten des Herzogs und 38 Toten führte. 1357 erhielt Hannover das Befestigungsrecht und ließ eine neue Stadtmauer errichten. Sie bestand aus Lindener Kalkbruchsteinen, war neun Meter hoch, einen Meter breit und mit einem Wächtergang versehen. Die Mauer enthielt 34 Türme, die jüngeren in rechteckigem Ziegelbau. Als einziger existiert davon noch der Beginenturm (Abb. auf der nächsten Seite). Vier Tore ermöglichten den Durchlass, die schon in der alten Mauer bestanden (unter anderem das Steintor von 1314, Ägidientor von 1320, Leintor von 1340). Die Tore waren überragt durch mehrgeschossige Türme in Quaderbauweise. Außerdem waren in der Mauer mehrere Ausfallpforten enthalten. Vor der Mauer legte man einen 13 Meter breiten Graben und davor einen Wall aus dem Grabenaushub an. Ein zweiter Graben vor dem Wall sorgte für zusätzlichen Schutz. Als Außenwerk dienten der Rote Turm von 1441 an der Verbindung zur Ihmebrücke, schon 1490 im Zwist mit Herzog Heinrich d. Ä. abgebrannt und 1646 abgetragen, sowie der Zwinger vor dem Ägidientor (1504). Weit vor der Stadt sicherten die Wachtürme der Landwehr das Vorfeld: 1361 Bischofshol (Bischofsholz), 1373 Kirchröder Turm, 1382 Döhrener Turm, 1387 Lister Turm, Pferdeturm und die Landwehr im Steintorfeld. Weitere Landwehrtürme bestanden bei Ricklingen (Mordmühle), Seelze und der Pinkenburg.

Abb. 1: Der Beginenturm, einzig erhaltener Turm der Stadtbefestigung.

Die Befestigungen von 1600 bis zum Siebenjährigen Krieg (1756-1763)

Ab 1600 begann auf Bestreben des Landesherrn der Ausbau der hannoverschen Neustadt. Zu ihrem Schutz wurden eine neue Mauer mit Bastionen, Gräben und Wällen erbaut. Dadurch wurden einige Werke der Altstadt zur Leine hin überflüssig und beseitigt.

1639 waren die neuen Werke fertig. Es waren fünf Bastionen, nämlich am Holzhof, an Molinus' Hof (später v. Platens Hof), die Windmühlenbastion, die Bastion an der katholischen Leisten. Der Einfluss des Rates war stark eingeschränkt. Die städtischen Torwachen wurden reduziert, dann ganz durch herrschaftliche Soldaten ersetzt, die städtischen Geschütze durften nur noch Salut feuern. 1730 lag der Voranschlag für den Bau bei 16200 Talern. Über das 1649 neben dem Beginenturm zur Lagerung von Waffen, Munition und Ausrüstung erbaute Zeughaus berichtete 1735 der Verwalter Meelbaum den Bestand von 96 „Mordjers" (Mortier-Mörser), 8495 Geschützkugeln, 433 Bomben und Granaten sowie von 1040 eisernen und 970 gläsernen Handgranaten. Möglicherweise lagerte hier ein „martialisches Orgelwerk" nach Entwurf des Eide Johanns, eine Art Vorläufer der Stalinorgel, bestehend aus einer Lafette mit vier Geschützrohren verschiedenen Kalibers. 1757 lagerten hier 636060 scharfe Patronen, je 200 Pfund Schwefel und Salpeter, auch etliche Tonnen Pulver.

Die Pulvermagazine: Es bestanden ab 1693 Pulverlager in drei Türmen; es sind noch 29 der ursprünglich 34 Türme erhalten (nachzulesen bei Redecker, *Histori-*

sche Collecteana der Residenzstadt Hannover). Weil die vereinigte Alt- und Neustadt eine für die Verteidigung ungünstige Form besaßen, planten 1739 der General v. Melville und die Obersten v. Campen und Jacques du Pontpietin einen Stadtumbau zu einer runden Form. Die neue Festung sollte Kasernen und Exerzierplatz erhalten und durch 6000-7000 Mann in „haltbaren" Zustand gebracht werden. Jedoch die Sache rechnete sich nicht, nicht nur aus Kostengründen, sondern weil dann nicht mehr genug Truppen im Lande verfügbar wären.

Die wichtigste städtebauliche Maßnahme, die den Festungsbau betrifft, ist die 1747/49 ausgeführte Stadterweiterung vor dem Ägidientor. Hierbei wurden Verlegungen von Wällen, Brücken und des Ägidientores nötig, Bau der Kirche, dazu 1650 die Bastion am neu erbauten Clevertor. Weitere Schutzwerke entstanden als Ravelins vor Hauptwall und Hauptgraben. Diese waren 25 bis 40 Meter, zum Teil 50 bis 70 Meter breit, davor legte man noch einen Niederwall (*faussebraye*) an. Ein zweites neues Tor entstand 1648, das Calenberger Tor.

Die Mittel zu den Neubauten wurden von den Landständen sehr widerstrebend bewilligt, und die Untertanen mussten Hand- und Spanndienste als grobe Arbeiten leisten.

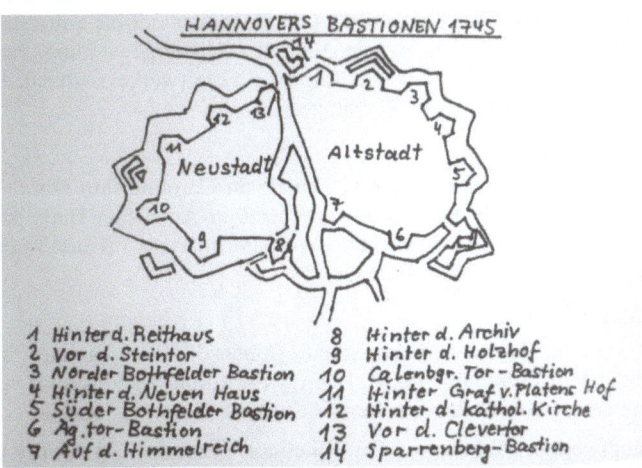

Abb. 2: Hannovers Bastionen 1745. Zeichnung des Autors nach einer Karte von 1745 des deutschen Kartografen und Kupferstechers Matthäus Seutter (1678-1757) im Stadtarchiv Hannover

1751 wurde ein vorübergehendes Pulvermagazin auf der Kleinen Bult vor der Stadt errichtet zur Aufnahme von 900 Tonnen Schießplatinen Pulver. Obwohl nördlich des Ägidientors auf einem Ravelin vor dem Hauptgraben für 13 180 Taler ein neues Lager eingerichtet wurde, diente das Gelände auf der Kleinen Bult später als Depot und Schießplatz.

Georg Friedrich Dinglinger
als hannoverscher Festungsbaumeister

Dinglinger, geboren 1702 in Biberach, gestorben 1785 in Hannover, erwarb seine Ausbildung wahrscheinlich in Dresden. Er trat 1731 in hannoversche Dienste, wurde um 1734 zum „Würklichen Conducteur der Ingenieurs", 1739 zum Bauverwalter und 1745 zum Festungsbaumeister ernannt. Seine Aufgaben führten ihn auf Reisen in große Teile des Kurfürstentums. Er wurde nicht nur mit Arbeiten des Festungsbaus betraut, sondern auch mit Städtebau und Arbeiten für Kirchen und Private. Zahlreiche Entwürfe für Tore, Brücken, Wasserbauten, Wälle und Nutzbauten tragen seinen Namen. Er zeigte besonders für die Stadterweiterung vor dem Ägidientor 1747/49. Einige Arbeiten seien noch genannt: 1741/46 Brückenbau am Calenberger, Ägidien- und Clevertor, 1752 Bau des Pulvermagazin auf der Kl. Bult, 1757 Kartierung in hannoverschen Ämtern, 1760 Bau einer neuen Geschützgießerei. Dinglinger arbeitete lange Zeit mit Obristleutnant Georg Josua du Plat (1722-1795, Leiter des Ingenieurkorps) und dem Zeughausverwalter Owenus, seinem eigenen Nachfolger, zusammen.

Hannover im Siebenjährigen Krieg 1756-1763

Der Anfang des Jahres 1757 sah die Truppen Frankreichs im Vormarsch auf Hannover. Dinglinger veranlasste die Instandsetzung der Festungskanonen und die Erhöhung der Bankette zum besseren Bestreichen des Hauptgrabens. Nach der unglücklichen Schlacht von Hastenbeck am 26. Juli 1757 zogen sich die alliierten (hannoverschen) Truppen zurück, und Hannover fiel bis zum März 1758 in die Hände der französischen Armee. Nach der Wiedergewinnung wurden die Festungswerke überholt. 1759 waren folgende Hauptwerke vorhanden, denen man Namen der Monarchie gegeben hatte:

Bastionen der Altstadt:

Prinzessin Maria (hinter dem Archiv), Prinzessin Carolina (am Himmelreich), Prinzessin Amalia (hinter dem Potthof), Prinzessin Anna (am Haus der Land-Stände), Prinzessin Augusta (hinter dem Wolfshorn), Prinz Friedrich (am Steintor), Prinz Heinrich (hinter dem Rathaus)

Bastionen der Neustadt:

Prinz William (am Clevertor), Prinz Eduard (hinter der kath. Kirche), Prinz von Wallis (hinter dem Windmühlenhof), Herzog von Cumberland (hinter v. Platens Hof), König Georg III. (hinter dem herrschaftlichen Holz)

Zu den Hauptwerken zählten vier Tore (Steintor, Clevertor, Ägidientor und Calenberger Tor). Weitere kleine Werke waren Ravelins, Redouten, Contregardes und fünf steinerne Behren. Pulver lagerte in den mit Kupfer gedeckten Bastionen Prinzessin Amalia und Augusta. Wegen möglicher Gefährdung ordnete Georg III. im September 1761 die Errichtung von Werken außerhalb der Stadt an. Der Leiter des Projekts, der Braunschweigische-Lüneburgische Ingenieurmajor David Andreas Schneller, arbeitete nach Plänen des Generaladjutanten v. Estorff. Dinlinger und Owenus schätzten die Kosten auf 105372 Taler. Darauf verfügte der König den Stopp des Baus, wurde aber von Herzog Ferdinand wieder umgestimmt. Der Feldherr wollte Hannover verstärkt wissen, um feindliche Truppen zu binden. Der Bau der Außenwerke begann nun. Hierfür wurde am Lindener Berg Kalkstein gebrochen, Einwohner des Kleinen Freien mussten Holz für Faschinen anfahren und Barsinghäuser Steinhauer Deistersandstein bearbeiten. Inzwischen war der Krieg gewonnen, und im September 1762 kam der Befehl zum Einstellen der Arbeiten.

Vollendet waren: die Georgschanze auf dem Lindener Berg, die Ferdinand-schanze (etwa heutige Schlägerstraße), die Eduardschanze im Steintorfeld und zwei Ravelins am Ägidientor. Begonnen war die Schanze auf der Alten (Kleinen) Bult, die Redoute an der Alten Leine und kleine Werke in der Ohe und in der Nähe der Ihmebrücke. Die Außenwerke wurden wieder abgetragen, das nicht verbaute Material in den Festungsbauhof geschafft. Dort notierte man 260 Quadersteine, 5600 Backsteine, 1180 Bündel Faschinen und 11655 Palisaden-pfähle.

Die Demolition 1779-1790 und weitere Entwicklung

Überzeugt, dass Festungen unwirksam seien, trug man 1767 am Archiv die Bastion und den Wall ab. Auch 1767 begann man den Bau der Esplanade, dem späteren Waterlooplatz. Ab 1779 begann auf königlichen Befehl die Niederlegung der Hauptwerke. Leiter der Arbeiten wurde Obristleutnant du Plat, unter ihm fungierten Dinglinger, Owenus und Ingenieurhauptmann Müller.

Die Kosten der Demolition (Niederlegung) betrugen 1780 5948, 1781 7070, 1782 9715, 1783 12250 und 1784 18377 Taler. Vom Ingenieurkorps setzte man je einen *Capitain* und *Conducteur* sowie zwei Leutnants für die Organisation ein. Ausführende waren vier Meister, 62 Gesellen und 110 bis 160 Tagelöhner. Es arbeiteten auch Gefangene mit. Bei ihnen unterschied man Gefangene mit leichten Strafen von „böslichen Mißethätern", die zu lebenslangem Karreschie-ben verurteilt waren.

Es wurden ausgeführt: a) Abtragung der Wälle zwischen Ägidientor und Himmel-Reich (1781/83) mit Anlegung der Friedrichstraße als Promenade, b) Schleifung der Bastionen und Wälle zwischen Ägidientor und Steintor (1787/89) mit Anlegung der Georgstraße, c) „Rasirung" der Holzhofbastion und Ravelins am Clevertor, Calenberger Tor und am Kommandantenhaus, d) Abbre-chen der alten Tore und Brücken, dafür Bau neuer Brücken.

Man beseitigte den Pulverturm in der Bastion am Loccumer Hof und richtete einen weiteren Pulverturm zum Armenhaus ein. Bestehen blieben Wälle und Gräben zwischen Steintor, Calenberger Tor und Esplanade. Es wurde aber nicht nur demoliert, sondern auch erhalten, wofür 1797-1803 insgesamt 22141 Taler ausgegeben wurden.

1825-1828 erfolgten nochmals Abtragungen von Wällen und Auffüllung von Gräben. Hierbei wurden 108012 Fuder (1 Fuder = 9,34 Hektoliter) Erde bewegt und 1825 insgesamt 42920 Taler bezahlt. Zahlreiche Grundstücke des Festungs-terrains wurden als Gartenland vergeben.

Der westliche und südliche Wallgraben war noch 1860 erhalten, außerdem ein Stück Wall nahe am Artilleriedepot nahe der heutigen Humboldtstraße. Den südlichen Teil des Wallgrabens von Bella Vista bis zur Legionsbrücke konnte man noch um 1900 sehen. Bewegt man sich heute auf der Waterloostraße zum

Stadion, so quert man an der Straße Am Schützenplatz eine Erhebung, nämlich Reste des Walles.

Erklärungen zu Begriffen des Festungsbaus:

Deutsche Begriffe:

Bähre, Behre = befestigter Wasserdurchlass
Hornwerk = zwei verbundene Halbbastionen
Zingel = gedeckter Sicherheitsabschnitt vor Toren

Französische Begriffe:

Bastion = vorgebautes System mit zwei Fronten
Caponiere = bedeckter Gang zum Bestreichen der Gräben
Contrescarpe = äußere Grabenböschung
Contregarde = niedriger Außenwall
Courtine = Hauptwall zwischen zwei Bastionen
Glacis = flache Aufschüttung vor der Befestigung
Ravelin = Außenwerk mit zwei Fronten vor Graben
Redoute = kleine, viereckige Schanze

Literatur

Stefan Amt: „Georg Friedrich Dinglinger – Neue Forschungsergebnisse zum Werk des hannoverschen Festungsbaumeisters", in: Hannoversche Geschichtsblätter, Bd. 48, Hannover 1994, S. 185-217
Ohne Angabe des Autors: „G. F. Dinglinger, der Meister des Palais an der Leinstraße zu Hannover", in: Hannoversche Geschichtsblätter, Jg. 18, Hannover 1915, S. 457-466
Klaus Mlynek, Waldemar R. Röhrbein (Hrsg.): Geschichte der Stadt Hannover, zwei Bde., Bd. 1: Von den Anfängen bis zum Beginn des 19. Jahrhunderts, Bd. 2: Vom Beginn des 19. Jahrhunderts bis in die Gegenwart, Hannover 1992
Arnold Nöldeke: Die Kunstdenkmäler der Provinz Hannover, Heft 2: Stadt Hannover, Teil 1: Denkmäler des „alten" Stadtgebietes Hannover, Hannover 1932, Neudruck: Wenner, Osnabrück 1979. ISBN 3-87898-151-1

Quellen

30 Akten des Niedersächsisches Landesarchivs -Hauptstaatsarchiv Hannover- (Bestände Cal. Br. 19, Hann. 41 IX und XXI, Hann. 42, Hann. 47, Hann. 48 b)

02
Fort George bei Hameln

Das kurze Leben der Hamelner Klütfestung
Fort George I-III 1760-1808

Der Besucher Hamelns bewundert die gut restaurierte Altstadt, erkennt aber kaum noch, dass Hameln einst eine Festungsstadt war. Die Verteidigungsanlagen der Stadt und die starke Festung Fort George auf dem gegenüberliegenden Klütberg wurden 1807/08 gründlich geschleift.

Bis zum Siebenjährigen Krieg bestanden auf dem Klüt noch keine militärischen Anlagen. Graf Wilhelm von Schaumburg-Lippe erkannte die strategische Bedeutung des Berges. Er entwarf Pläne zum Bau einer Festung, die mehrere Jahre als „Wilhelmsburg" oder „Fort Guillaume" seinen Namen trug und dann in Fort George umbenannt wurde. Es kamen noch die weiter talwärts gelegenen Forts George II und III hinzu. Trotz ihrer Bedeutung wurde die Klüt-Festung zweimal auf Grund von Abmachungen geräumt und 1806 ohne Gegenwehr übergeben.

Der Bau der Forts

Obwohl schon im April 1758, nach der Räumung Hamelns durch die französischen Truppen, die Instandsetzung der Stadtfestung unter dem kurhannoverschen General George Friedrich von Sommerfeld (1687-1760) begann, wurde der erste Spatenstich erst am 31. März 1760 in Anwesenheit des Grafen Wilhelm und seines militärischen Vorgesetzten, des Herzogs Ferdinand von Braunschweig, getan. Während des Krieges war Generalleutnant George Friedrich Freudemann Leiter der Baukommission für Hameln und dem Klüt. Bauleiter auf dem Klüt war ein Vertrauter Graf Wilhelms, der Ingenieurmajor du Frenois, in bückeburgischen Diensten. Als Franzose war er mit den französischen Festungsbauweisen (Vauban) gut vertraut. Festungsbaumeister Dinglinger war für Materialbeschaffung und Aufsicht zuständig. Von Beginn an musste sich das Kriegskabinett in Stade, später das Hofgericht in Hannover, mit Schadensersatzforderungen der Stadt Hameln und Hamelner Bürger befassen, wurden doch beim Festungsbau viel Wald abgeholzt und Gärten zerstört. Die Stadt Hameln forderte beispielsweise 1784 für entgangene Forst- und Jagdnutzung 75 548 Taler, erhielt aber nur 12 500 Taler.

Es wurden 2000 Arbeitskräfte für den Hamelner Festungsbau angefordert, man erhielt aber nur 1000 Mann, davon für den Klüt nur 200 Mann. Aus allen hannoverschen Ämtern wurden nun anteilig Männer verpflichtet. Wegen schlechter Bezahlung wurde mehrmals die Arbeit niedergelegt. Um 1780/81 wurden die Hänge abgeholzt und Wälle errichtet, die mit Faschinen verstärkt waren. Starke Schäden im Winter machten den Bau massiver Werke nötig.

Für den Bau von Fort I sagte Herzog Ferdinand die Kostenerstattung aus der außerordentlichen Kriegskasse zu, „sobald diese in der Lage wäre".

Im Wesentlichen waren bei Kriegsende die Hauptarbeiten an Fort I ausgeführt. Es waren die Kasematten angelegt und die Gewölbe mit Tonerde bedeckt worden. Die Hänge waren mit Palisaden versehen, ein Brunnen mit 139 Metern Tiefe war abgeteuft. Die nötigen Steine brach man im Süntel und bei Bodenwerder. Die per Schiff herangeführten Quader wurden mit einem Pferdegöpel den Berg hinaufgezogen. Auf dem Bauplatz versahen sechs Pferde ihren Dienst. Für gute Arbeit erhielt der Ingenieurleutnant Kuntze ein „Douceur" von 100 Dukaten und wurde 1774 zum Bauleiter der gesamten Festung befördert. Das Fort I war 1762 mit sechs Mörsern (*mortiers*) zu 100, 80, 30 und 16 Pfund ausgerüstet.

Die Bauzeit von Fort I und III dauerte mit langen Pausen bis 1784. In der Friedenszeit war die Festung mit 67 Mann Wachpersonal besetzt. Jeder Soldat empfing, wie alle Hamelner Festungssoldaten, an „Vivres" (Lebensmitteln) außer Brot pro Tag 1/8 Pfund Butter, 1/2 Pfund Fleisch, 1/3 Pfund Speck, 1/8 Pfund Tabak, 1 ½ Quart Bier und 1/8 Quart Branntwein, ferner pro Woche 1 Pfund Erbsen, 1 Pfund Linsen und je 1/3 Pfund Reis und Graupen.

1774 begann der Hauptbau von Fort III. Man errichtete nahebei eine Ziegelei und beheizte diese mit Steinkohlen. In Fort II teufte man ab 1775 einen Brunnen von 121 Metern Tiefe ab und versah ihn mit einem Drahtseil. Die Außenwerke der unteren Forts wurden errichtet als Caponieres (halbunterirdische, bedeckte Gänge) zum Bestreichen der Gräben und eine Redoute (kleine, viereckige Verschanzung) zwischen Fort I und II. Zur Armierung der drei Forts sollten 102 Geschütze verschiedenen Kalibers aus der Kriegsbeute verwendet werden. Auch ließ man in der Celler Geschützgießerei zusätzlich Dreipfünder gießen. Eine Bestandsaufnahme im November 1778 findet auf den Hauptwerken 70 Kanonen (12 und 6 Pfund) und 60 Kammergeschütze (Mörser und Haubitzen zu 80, 30 und 12 Pfund), auf den Außenwerken sind 78 Kanonen vorhanden. Der reichliche Munitionsvorrat bestand aus Kanonenkugeln, Traubenkugeln, Wurfbomben und Granaten für Handmörser.

Ein schweres Unwetter im August 1779 zerstörte mehrere Schuppen in Fort I und beschädigt Erdwälle. Der Bau kostete bis 1774 284000 Taler, bis 1803 gab man noch 10500 Taler für die Erhaltung aus. Zum Schutz der Lücke zwischen Fort III und der Weser begann 1806 der Bau von Fort IV (Luise).

Ruhmloses Ende und Zerstörung

Am 4. August 1803 zogen 3000 Hannoveraner mit 89 Offizieren unter Generalmajor du Plat aus Hameln und der Klütfestung ab, die französischen Truppen unter dem französischen General Gabriel Barbou des Courières (1761-1827) rückten ein. Im März 1806 fielen Hameln und der Klüt laut Vertrag von Schönbrunn an Preußen, aber nur bis zu Beginn des Krieges Preußens mit dem Frankreich Napoleons. Die Armee Preußens ging bei Jena und Auerstedt unter.

Mit allergnädigster Kayserlichen Freyheit.

Staats- und Gelehrte

Zei-   tung

des Hamburgischen unpartheyischen

CORRESPONDENTEN.

Anno 1803.   (Am Dienstage, den 14 Junii.)   Num. 94.

Schreiben aus dem Hannöverschen,
vom 9 Junii.

Folgendes ist nach dem Französischen Original und der Deutschen Uebersetzung die

Convention,

geschlossen zwischen den Herren Civil- und Militair-Deputirten der Hannöverschen Regierung und dem Generallieutenant Mortier, Oberbefehlshaber der Französischen Armee.

Art. 1.

Das Churfürstenthum Hannover und die darin befindlichen Festungen werden von der Französischen Armee besetzt.

Art. 2.

Die Hannöverschen Truppen ziehen sich hinter die Elbe zurück. Sie verpflichten sich bey ihrem Ehrenworte, so lange der Krieg zwischen Frankreich und England dauert, wider die Französische Armee und ihre Bundesgenossen weder die Waffen zu führen, noch irgend eine Feindseligkeit zu begehen. Sie werden dieses Eides nicht eher entbunden, als bis sie gegen eben so viel Generals, Officiers, Unterofficiers, Soldaten und Matrosen ausgewechselt worden, welche sich in Englischer Gefangenschaft befinden möchten.

Art. 3.

Kein Mann von den Hannöverschen Truppen kann den ihm angewiesenen Aufenthaltsort ohne Vorwissen des — Französischen — Obergenerals verlassen.

Art. 4.

Die Hannöversche Armee soll mit den Kriegs-Ehrenzeichen abziehen. Die Regimenter nehmen alle ihre Feldstücke mit.

Art. 5.

Die Artillerie, Pulver, Waffen- und Munitions-Vorräthe aller Art sollen der Disposition der Französischen Armee übergeben werden.

CONVENTION

passée entre Messieurs les Deputés civils et militaires de la Regence d'Hanovre et le Lieutenant Général Mortier, Commandant en Chef de l'armée.

Art. 1.

L'Electorat d'Hanovre sera occupée par l'armée française, ainsi que les Forts qui en dependent.

Art. 2.

Les troupes Hanovriennes se retireront derrière l'Elbe. Elles s'engageront sur parole d'honneur à ne commettre aucune hostilité et à ne porter les armes contre l'armée française et ses alliés, aussi long-tems que durera la guerre entre la France et l'Angleterre. Elles ne seront relevées de ce serment qu'après avoir été échangées contre autant d'Officiers-Généraux, Officiers, Sous-Officiers, Soldats et Matelots français que pourroit avoir à sa disposition l'Angleterre.

Art. 3.

Aucun individu des trouppes Hanovriennes pourra quitter l'emplacement, qui lui est designé, sans que le Général Commandant en Chef en soit prévenu.

Art. 4.

L'armée Hanovrienne se retirera avec les honneurs de la guerre. Les Regimens emmenéront avec eux tous les pièces de campagne.

Art. 5.

L'artillerie, les poudres, les armes et munitions de tonte espèce seront mis à la disposition de l'armée française.

Abb. 3: Zweisprachig: Die *Staats- und Gelehrte Zeitung* 1803.
Stadtarchiv Celle 5G 2. Abgebildet bei Blazek, Fremdherrschaft, S. 14.
Abdruck mit freundlicher Genehmigung des Verlags

Als sich Truppen unter Louis Bonaparte Hameln näherten, kapitulierte die starke und gut ausgerüstete Besatzung kampflos. Es kam zu Aufruhr und Plünderungen, was der junge Offizier Adalbert von Chamisso in einem Brief an seinen Freund, den Chronisten Karl August Varnhagen von Ense (1785-1858), bitter beklagte. Die Offiziere der Besatzung wurden auf Ehrenwort entlassen, aber die Soldaten gingen in Gefangenschaft. Es kam danach 1809 zu einem Kriegsgerichtsprozess, in dem die Befehlshaber, der 76 Jahre alte Generalmajor und Ingenieur-Brigadier Johann Friedrich Wilhelm v. Schöler (1806 Kommandant von Hameln) und Generalmajor Ludwig von Lecoq (1753-1829), zu lebenslanger Festungshaft verurteilt, 1814 aber begnadigt wurden.

Abb. 4: Der Klüt mit Fort George I-III um 1780 von Ejnsdem.
Niedersächsische Landesbibliothek, Mappe 16, XIX C, Nr. 46

Auf Befehl Napoleons wurden die Festung Hameln und Fort George 1808/09 so gründlich geschleift, dass heute nur noch ein Brunnenportal erhalten ist. Die Arbeiten zum Abriss mussten von Einwohnern aus vielen hannoverschen Ämtern als Hand- und Spanndienste geleistet werden.

Literatur

Sprenger's Geschichte der Stadt Hameln, bearb. von Friedrich Sprenger, zweitem Stadtprediger von Hameln, Hameln 1861
Heinrich Spanuth (Hrsg.), fortgeführt v. Rudolf Feige: Geschichte der Stadt Hameln, Bd. 1, Hameln 1939/40
Matthias Blazek: Das Kurfürstentum Hannover und die Jahre der Fremdherrschaft 1803-1813, ibidem-Verlag, Stuttgart 2007, ISBN 3-89821-777-9

Quellen

16 Akten des Niedersächsischen Landesarchivs -Hauptstaatsarchiv Hannover- (Bestände Hann. 74 Hameln, Hann. 41, Hann. 47, Hann. 51)

03

Gestüte im Kurfürstentum und Königreich Hannover

Privaten Vorläufern folgten Gestüte der hannoverschen Herzöge im 17. Jahrhundert. Nach der Vereinigung der herzoglichen Linien 1705 führte man eine gemeinsame Verwaltung ein, zunächst durch das Oberstallmeisteramt, ab 1765 durch das Oberhofmarstalldepartement. Während im 1735 gegründeten Celler Landgestüt zuerst Wert auf Pferde für die Landwirtschaft gelegt wurde, ging die Zuchtrichtung in den hier behandelten Gestüten zu den Kutsch- und Reitpferden, die zumeist an den hannoverschen Marstall gingen. Bis zum Ende des Königreichs Hannover bestanden außer in Celle folgende Gestüte:

Nienover (Solling) 1540-1734
Neuhaus (Solling) 1686-1866
Memsen (westlich von Hoya) 1653-1840
Herrenhausen (bei Hannover) 1844-1928
Radbruch (bei Lüneburg) 1650-1778
Behre (südlich Celle, Maultiergestüt) 1774-1800
Rotenkirchen 1820-1836

Nach dem Ende des Königreichs Hannover 1866 bestanden die Gestüte Neuhaus und Herrenhausen als preußische Remontedepots weiter, Neuhaus bis 1900, Herrenhausen bis 1928.

Allgemeines

Innerhalb der hier genannten Betriebe fand oftmals ein Austausch von Pferden statt. Entweder wollte man den Tieren reichliches Futter auf saftigen Weiden wie in Memsen zukommen lassen oder sie im Solling abhärten. Man verfolgte auch verschiedene Zuchtziele. So zog man in Radbruch gelbe und mausefarbene Kutschpferde und Maultiere für die Staatszüge der Celler Herzöge heran, in Memsen verlegte man sich auf die Zucht der Weißgeborenen. Man kaufte ausgesuchte Stuten und Beschäler in Mecklenburg, Großbritannien oder Dänemark. Für die Bedeckung wurden genaue Pläne aufgestellt und ihr Erfolg in Listen dokumentiert.

Die Ernährung war von der Weidezeit abhängig, also von der nutzbaren Weidefläche. Tragende und säugende Stuten benötigen 0,8 bis 1 Hektar Weidefläche, Fohlen 0,5 Hektar. Dies erforderte die Pflege der Weiden mittels Be- oder Entwässerung, Düngung, Grassaat und Unkrautvernichtung. In der kalten Stallzeit fütterte man mit Hafer, Heu und Stroh, selten mit Gerste und Bohnen. Die Tagesrationen für Hengste betrugen fünf bis sieben Kilogramm Hafer, vier bis fünf Kilogramm Heu und drei Kilogramm Stroh, für tragende und säugende Stuten bei je drei bis 4,5 Kilogramm, für Fohlen je drei Kilogramm. In Neuhaus verfütterte man 20 Prozent mehr Heu als in Memsen, was auf geringeren Nährwert des Grases deutet. Zuständig für die Inspektion waren die Amtmänner, die Berichte an die Marstallverwaltung zu geben hatten. Die Gestütsleiter waren verantwortlich für Futterkauf, Bestandsberichte und Finanzielles; ihnen waren für die einzelnen Abteilungen Wärter unterstellt. Die Funktion des Pferdearztes wurde oftmals vom Gestütsleiter oder ausgebildeten Wärtern ausgeübt. Pferdekrankheiten waren zahlreich und wurden häufig erfolglos bekämpft. So wurden 1848-1866 folgende Todesursachen genannt: Schlagfluss, Kolik, Influenza, Knochenfraß und Strahlkrebs. Als Gehilfen waren Beiknechte beschäftigt, grobe Arbeiten sollten von Dienstpflichtigen versehen werden. Die schlechten Erfahrungen hierbei führten zur Einstellung von „Winterknechten" im Wochenlohn.

Beamte wurden „besoldet", dazu kamen Zulagen (Emolumente) als Naturalien, freie Wohnung, Brennholz, ein „Livreegeld" für Kleidung und anderes. Die Kleiderzulage bestand bis nach 1800 aus jährlich einem roten Rock, einem Kamisol, einer Hose, einem Hut, einem Paar Strümpfen und für zwei Jahre einem Mantel.

Das Gestüt Nienover

Pferdezucht wurde hier schon im 13. Jahrhundert betrieben. Zur Zeit Herzogs Erich I. von Calenberg bestand 1540 etwas nördlicher ein „Wildenhaus", allerdings nur in geringer Größe. Herzog Julius von Braunschweig-Wolfenbüttel setzte zur Aufsicht „Wildenmarsställer" ein. 1661 ließ Herzog Heinrich Julius ein neues Wildenhaus erbauen, welches Ställe, Futterlager und Wohnung besaß. Zuerst lag der Bestand bei zwölf Tieren steigerte sich bis 1677 auf 69 Stück. Der Aufseher Johann Wildenförth konnte seine Aufgaben mit einem Knecht und einem Jungen nicht mehr erfüllen und bat dringend um Verstärkung. Nach Erneuerung (1703) war dann 1715 ein Neubau fällig, dessen Kosten Amtmann Johann (Bernhard) Rembert Voß mit 4141 Talern angab. Das neue Wildenhaus maß 80 mal acht Meter und bot Platz für 70 Stuten; weiterhin gab es noch Fohlenställe an der nahen Zehntscheune. Ab 1720 gab man Pferde an das Gestüt Neuhaus ab. Heute sind noch Zehntscheune und das zum Wohnhaus umgebaute Wildenhaus erhalten.

Das Gestüt Neuhaus

1652 bestand hier ein „Wildenstall" für fast frei lebende Pferde. Genannt werden die Knechte Schrader und Hackemann, der Wildenhirte Janssen und der „Reitschmied" Koch. Ab 1680 begann die Zucht von Kutschpferden. Nach dem Bau eines großen Stalls betrug der Pferdebestand 1726 insgesamt 76 Tiere, die im Monat 50 Maler Hafer verbrauchten (1 Malter = 1,87 Hektoliter). Beschäftigt waren unter anderem der Gestütsknecht Bungenstock und der Pferdearzt Bohmann, ferner der Stutenwärter Gackenholz. Letzterer führte sich 1740 so entsetzlich auf, dass trotz Protektion nur ein Hinauswurf half. 1765 begann ein vollständiger Neubau an anderer Stelle, der 28607 Taler kostet.

Wegen der hohen Lage der Weiden auf dem Moosberg hatte man zu wenig Nahrung für die Tiere und muss viel Heu aus dem Wesertal zukaufen.

1766-1769 war der Gestütsleiter Berg angestellt. Von anfangs 40 Pferden stieg der Bestand bis 1785 auf 115 Tiere, davon 48 Stuten und 63 Fohlen, was auf dem Zuwachs aus dem aufgelösten Gestüt Radbruch beruhte. Weitere Leiter waren 1778 August Havemann und 1791 Havemann jun. Man zählte nun 39 Tiere der Kutschrasse und 80 Tiere der Reitrasse. Jährlich wurden 1000 Malter Hafer, 4000 Zentner Heu und 3300 Zentner Stroh verbraucht.

1791 bestanden folgende Gebäude: zwei Stutenställe, zwei Fohlenställe, ein Beschälerstall, Remisen, Futterlager und Wohnungen des Personals.

1803 flohen die Gestüte Neuhaus und Memsen vor den Truppen Napoleons nach Mecklenburg. Viele Tiere gingen auch nach England oder werden verkauft, sodass 1805 nur 15 Pferde nach Neuhaus zurückkehrten. Nach Ende der Befreiungskriege 1815 zählt man aber schon wieder 31 Stuten, 67 Fohlen und 15 Maultiere. Beschäftigt waren der Pferdearzt und spätere Leiter Bente, die Wärter Fiene und Lindhorst sowie die Knechte Johanning und Bornebusch. Die Sparanordnung des Königs konnte nicht erfüllt werden, so entstand 1825 ein Verlust von 6485 Talern. Das Gewicht lag auf der Zucht von Reitpferden für den Königlichen Marstall in Hannover. Unter der Leitung von Gustav Schrenk waren 1860 140 Tiere vorhanden. 1866 übernahmen die Preußen 159 Pferde, davon 17 Weißgeborene, 16 Isabellen (Perlfarbene), 22 Reitpferde und 44 Wagenpferde. Es kam 1867 zur Auflösung, indem alle Pferde und das Inventar verkauft wurden.

Das Gestüt Radbruch bei Lüneburg

Als Beginn kann etwa 1650 angenommen werden, denn 1653 wurde der Bestand von 31 Hengstfohlen gemeldet. Vor 1700 wurden hier besonders mausefarbene und perlfarbene/gelbe Pferde (Isabellen) für die Staatszüge der Herzöge in Celle aufgezogen. Die Pferde der gelben Kutschrasse stammten von den beiden Beschälern „der Gelbe" und „König". Die Fohlen schickte man oft zum Aufziehen zum Gestüt Memsen, daneben züchtete man zahlreiche Maultiere. 1740 verzeichnete man 97 „tragbare" Stuten, 11 Fohlen und 19 Maultierstuten. Unter den Rappstuten werden genannt „die Mohrin", „die Ziemliche" und „die Gelobte". Gestütsleiter waren 1740 Einfeld, 1746 Bodo Knigge und ab 1748 gemeinsam Julius Schweer und Heitmüller, ab 1753 August Havemann. Es bestanden je ein alter und neuer Stutenstall, ein Beschälerstall und je ein Stall für weibliche und männliche Fohlen. 1775 wird als Leiter noch August Havemann genannt, dazu zwei Gestütsknechte, zwei Beiknechte und ein Futterschneider.

Havemann bezog jährlich 214 Taler an Sold und Kostgeld, außerdem 35 Taler für die Arbeit als Pferdearzt. 1778 hob König Georg III. in London das Gestüt aus Kostengründen auf. Die Pferde kamen nach Neuhaus und Memsen, die Maultiere nach der Behre bei Celle.

Das Gestüt Memsen bei Hoya

1653 begannen die Celler Herzöge hier die Zucht von perlfarbenen, weißgeborenen und schwarzen Pferden. 1677 bis 1700 wurden Bestände von 170 bis 220 Pferden gemeldet. 1700 waren Stutenmeister Tieling, Pferdearzt Pleune, Hengstfohlenwärter Heitmüller und Stutenwärter Lafens angestellt. Für die Ernährung der Tiere gab man pro Jahr maximal 3500 Taler aus. Ihre Zahl stieg bis 1740 auf 306 Stück an. Man hatte nun 1083 Morgen an Weiden und Wiesen zur Verfügung. An Gestütsleitern werden genannt: 1750 Julius Schweer, 1770 Ernst

Redecker, 1800 Ernst Ludwig Havemann. Ab 1748 begann man mit der Zucht der Weißgeborenen, die durch den Siebenjährigen Krieg unterbrochen wurde. Das Gestüt flüchtete nach Mecklenburg und Oldenburg, auch später (1795) in den so genannten Koalitionskriegen.

Ab 1765 wurden die Pferde der weißgeborenen Kutschrasse inventarisiert; Ahlborn gab für 1771 bis 1784 insgesamt 78 Fohlen dieser Rasse an, sie stammten aus dänischem und berberischem Blut. Der Hengst *Le Royal Danois* wurde als Beschäler Vater von 23 Nachkommen. Am bekanntesten wurde der weißgeborene Hengst Adonis, der bei der Kaiserkrönung Karls II. 1792 großes Aufsehen erregte. 1803 floh das Gestüt vor den Truppen Napoleons nach Mecklenburg und England, wo die meisten Tiere verkauft wurden. Es kamen 1814 nur 28 Pferde zurück, aber durch Zukauf und konsequente Zucht konnte man 1825 wieder 171 Tiere zählen. Unter dem verdienstvollen Leiter Ernst Ludwig Havemann war der Bestand 1835 sogar auf 270 Tiere gewachsen, darunter neun Beschäler und 186 Fohlen. Jährliche Lieferungen gingen an den Marstall in Hannover. Nach Erneuerungen verfügte man über Ställe für alte und junge Stuten, Säugstuten, Beschäler, Hengst- und Stutfohlen, dazu Futterscheunen und Häuser des Personals. Letzter Gestütsleiter war Wilhelm Havemann 1835 bis 1840. 1840 wurde das Gestüt von Ernst August I. (1771-1851), König von Hannover, Herzog von Braunschweig-Lüneburg, 1. Herzog von Cumberland und Teviotdale und Earl of Armagh, Träger verschiedener Orden wie des *Hosenbandordens* und des *Order of Saint Patrick*, aus finanziellen Gründen aufgehoben. Pferde und Personal wurden nach Neuhaus verlegt.

Das Gestüt Herrenhausen

Nach der Aufhebung Memsens richtete man Gebäude und Weiden des Marstalls bei Herrenhausen her. 1844 kamen hier 58 Pferde unter. Leiter wurde der frühere Pferdearzt Wissel, der als sehr fähig beurteilt und dessen Salär 1848 von 380 auf 800 Taler angehoben wurde. Ihm unterstanden der Gestütsknecht Bredehorst, der Fourageverwalter Möller und vier Beiknechte. 1850 wies der Pferdebestand drei Beschäler, 16 Säugestuten, sechs Güste (unfruchtbare) Stuten, 22 Hengstfohlen, 22 Stutfohlen und fünf Klepper aus und hatte vier Ställe zur Verfügung. In Herrenhausen fielen (wurden geboren) 1844-1867 insgesamt 408 Fohlen. Bei der preußischen Besetzung 1866 zählte man 152 Pferde, die auf Auktionen veräußert wurden. Es folgte bis 1928 eine Nutzung als Remontedepot.

Das Maultiergestüt Behre südlich von Celle

1772 wurden marode Anlagen des hannoverschen Marstalls erneuert, auch Weiden mit 347 Morgen Fläche hergerichtet. 1774 wurden dann die zur Zucht nötigen Esel von Radbruch überführt. Man hatte mit einem Bestand von 54 Tieren geplant, erreichte aber nur Zahlen von maximal 45 Stück. So zählte man 1775 insgesamt zehn Pferdestuten, fünf Eselhengste, fünf Eselinnen und elf Maultierfohlen. Die Namen der Pferdestuten gaben Eigenschaften wieder („die Dienstfertige", „die Mutwillige"), bei den Eselshengsten waren es unter anderem „Lautenist" und „Violinist", bei den Eselinnen „Regale" und „Faustina".

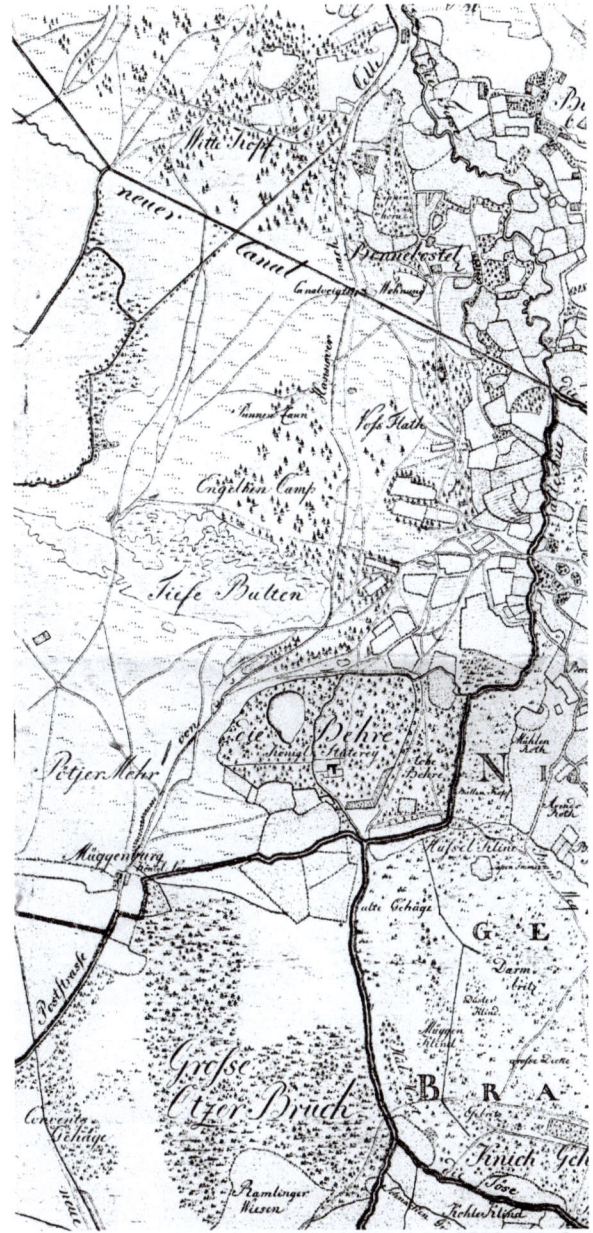

Abb. 5: Die Behre und die westlich und nördlich davon verlaufende Poststraße von Hannover nach Celle in der Kurhannoverschen Landesaufnahme des 18. Jahrhunderts (Blatt Gr. Eicklingen, 1781). Abgebildet bei Blazek, 50 Jahre Reit- und Fahrverein Burgdorf, 2009, S. 51. Abdruck mit freundlicher Genehmigung.

Der Gestütswärter Ernst Brandes übte 1772-1791 die Funktion des Gestütsleiters aus und erhielt pro Jahr 179 Taler, dazu Naturalien wie freie Wohnung und Brennholz. Ihm unterstanden zwei Beiknechte. Bei Bedarf beschäftigte man Tagelöhner.

Als weitere Verwalter werden genannt: Johann Conrad Bruno Thuten 1791-1797, Ludwig Scheller 1797-1799, dann Johann August Callin. Besagter Thuten wurde 1797 wegen Trunksucht und Veruntreuung in Unehren entlassen. Im Jahr 1800 wurde das Gestüt aus Ersparnisgründen aufgehoben und die Tiere nach Memsen verlegt. Danach dienten die Anlagen nur noch zur Fohlenaufzucht und zum Trainieren von Marstallpferden. Dabei lag die Aufsicht in Händen von pensionierten Reitknechten. Wegen geringer Bedeutung kam es 1840 zur völligen Aufhebung, die Ländereien wurden künftig verpachtet.

Abb. 6: Gestüt Herrenhausen, aus dem Internet (Gestüt Herrenhausen), Aquarell des Hamburger Genremalers Adolph Hornemann (1813-1890).

Literatur

Horst Ahlborn: Die Geschichte und Zucht der weißgeborenen Kutschrasse des Königlichen Marstalls zu Hannover, Dissertation Tierärztliche Hochschule Hannover, Hannover 1941
Kurt Asendorf: „Das welfische Gestüt Memsen", in: Heimatbuch des Kreises Nienburg, Bösendahl, Nienburg a. d. Weser 1980
Matthias Blazek: „Das Maultiergestüt zur Behre (1774-1800) – Die Geschichte von Celles ältestem Gestüt", in: 50 Jahre Reit- und Fahrverein St. Georg Burgdorf e.V. 1959-2009, Burgdorf 2009, S. 45 ff. ISBN 978-3-00-027790-0

Quellen

42 Akten des Niedersächsischen Landesarchivs -Hauptstaatsarchiv Hannover- (Bestände Dep. 103, Hann. 74 Celle, Hann. 74 Uslar, Hann. 52, Hann. 90, Hann. 143 Lüneburg)

04
Marställe in Hannover 1385-1866

Der städtische Marstall

Der Ratsmarstall wurde 1385 zur Versorgung der städtischen Streitmacht mit Pferden eingerichtet. Auch diente er dem Rat zu Reisen. Die Leitung hatten die jährlich gewählten „Ridemeister", so unter anderem 1565 Tönnies Bente, 1594 Erich Reiche und 1648 Eberhard von Anderten. 1676 schaffte der Herzog die Funktion der Ridemeister ab.

Abb. 7: Ehemaliger Marstall (heute Teil der der Universität Hannover).

Die Gebäude des Marstalls befanden sich in der Schuhstraße, später in der Pferde- und Kreuzstraße. Die Stadt unterhielt zwölf bewaffnete Reiter und bei Bedarf Söldner. Die städtischen Reiter bekamen im Vierteljahr sechs Punt und drei Schillinge, den Söldnern musste man im Dreißigjährigen Krieg sogar 100 Gulden geben. Die Aufsicht führte der Stallmeister, unter ihm arbeiteten ein Pferdearzt, Stalldiener, Stroh- und Futterschneider, Kutscher und Hilfskräfte. Auch wurde ein bestallter „Ratzen- und Meusevenger" mit zwei Talern und neun Groschen sowie mit „Speckgeld" bezahlt. An Gebäuden bestand ein Reitstall, ein Kutschstall und ein „Wildenstall" für die Zuchtpferde, auch lag daneben ein Auslaufplatz.

Durch Verkauf oder Verleih verdiente man zusätzliches Geld. So verlieh man 1575 an Herzog Julius von Braunschweig-Wolfenbüttel den braunen Hengst „Gernegroß". Bei Reisen des Rates saß der Ratskutscher in vornehmer Livree auf dem Bock. Der Einfluss des landesherrlichen Marstalls, verbunden mit der sinkenden Macht des Rates, ließen die Bedeutung des Ratsmarstalls schwinden: Es wurde nur noch Material gefahren, und 1739 erfolgte die Aufhebung,

Abb. 8: Detail der Front des Marstalls.

Die herrschaftlichen Marställe

a) Die bauliche Entwicklung

Schon ab 1577 bestanden in der hannoverschen Neustadt „Auf dem Brande" ein Wagenhaus und Ställe, dazu kam 1636 ein Reithaus. 1682 errichtete man auf der am Hohen Ufer gelegenen Rennbahn den Herrenstall, der dann zum zweigeschossigen „Alten Marstall" vergrößert wurde. 1712-1715 erfolgte eine umfangreiche Erweiterung, die von dem Baumeister Remy de la Fosse betrieben wurde. Es entstanden der Neue Pferdestall und das Reithaus, Im weiteren Verlauf bildete sich ein fast geschlossener Bezirk mit der Reitbahn als Mittelpunkt, umgeben von Verwaltung, Ställen, Werkstätten, Remisen, Speichern und Wohnungen. Einige Werkstätten, wie Hufschmiede und Rademacherei lagen am Rande in der heutigen verlängerten Schillerstraße. Der 1716 an der Burgstraße errichtete Torbogen steht heute in der Pferdestraße, Außerhalb des Geländes bestand von 1736 bis 1808 am Beginn der Herrenhäuser Allee ein Gebäude für Maultiere, der so genannte Tragetierstall und ein Heumagazin, 1806 sind folgende Immobilien vorhanden: der Alte Marstall mit 156 Streuen, der Neue Marstall mit 73 Streuen, Reithaus, Wohnungen, Werkstätten, fünf Remisen, ein Fouragemagazin, auch eine Pferdeschwemme, dazu zählten noch zwei Gebäude der 1779 vor dem Clevertor erbauten Vieharzneischule (Vorgängerin der Tierärztlichen Hochschule).

Während der folgenden Besetzung durch napoleonische Truppen wurde der Marstall als Lazarett genutzt.

1822 zerschlug sich ein Plan, eine eigene Gaserzeugung zur Beleuchtung zu erbauen, und man begnügte sich mit Rüböllampen mit vorgeschriebener Leuchtzeit. Die Maße der Gebäude betrugen 1851: Kutschstall 350 mal 70 Fuß (mit der so genannten Hölle), Reitstall 300 mal 44 Fuß, Reithaus 292 mal 80 Fuß, die Reitbahn maß 272 mal 67 Fuß.

Abb. 9: Ehemalige Kutschenhalle, heute Verwaltung der ÜSTRA (Goethestraße 18/20).

Als ab 1859 das Welfenschloss (heute Universität) erbaut wurde, errichtete man daneben ein neues Marstallgebäude für 23500 Taler. Der Bauleiter, der Landbauinspektor Eduard Heldberg, Schwager des Architekten Christian Heinrich Tramm (1819-1861), beschrieb den Bau so: „Vorhanden sind 32 Einzelställe, 16 große Boxen für Wagen und Reitpferde, Versorgungseinrichtungen, Werkstätten und Dienstwohnungen. Der Hof ist mit Sandsteinplatten belegt und die Außenwände mit Oldenburger Klinker verkleidet." Schloss und Marstall wurden nicht mehr genutzt, denn 1866 marschierten die Preußen ein. Heute dient der Marstall als Fakultät der Universität.

b) Die Verwaltung der Marställe

Eine von 1676 überlieferte Ordnung des Herzogs Johann Friedrich ging auch auf das Betragen des Personals ein: Übertretungen durch Spielen, Fluchen und Trinken wurden mit Kerker und dem „Spanischen Mantel" (Foltergerät) bestraft. 1705 wurden alle bisher getrennten Einrichtungen, wie auch den Gestüten, zum Oberhofmarstalldepartement vereinigt. Leiter wurde der Oberstallmeister de Frechappelle, ihm folgten im gleichen Rang 1741 Carl Fridrich von Peterswald, 1784 Graf v. Wallmoden-Gimborn und 1815 Ludwig Friedrich v. Kielmannsegge, 1819 und 1854 Gustav Graf v. Platen-Hallermund und Levin Friedrich v. Marenholz, 1839 Friedrich Freiherr von Spörcken (trat 1866 zurück aus Protest gegen die preußische Annexion Hannovers), 1866 Friedrich August von dem Bussche.

Das Departement war auch für alle Gestüte mit Zucht und Futter verantwortlich und musste Berichte über Marställe und Gestüte an die Königliche Kammer erstatten, ebenso über das Personal, welches in Stammrollen mit Kenntnissen und Beurteilungen erfasst war. Von 1755 sind die Eidesformeln der Bedienten erhalten: Bei Pflichtverletzungen wurde gedroht, dass „Gott sie verfluche und ihnen nicht hülfe".

Ein Beispiel für Ausgaben sei genannt. 1826 gab man 36791 Taler aus, davon 17857 Taler für das Personal und 10779 Taler für die Pferdeernährung. Es erschien beim Pferdefutter das Haben als „glatte Fourage" und das Soll als „raue Fourage". Verluste glich man oftmals durch Verkauf von Pferden aus, so 1861-1865 mit dem Verkauf von 129 Tieren für 15492 Taler.

Nahe Hannover wurde Weidebetrieb auf der Ruthermarsch bei Sarstedt ausgeübt, und von 1664-1849 wurden Fohlen auf einer Leineinsel (Füllenwerder) bei Seelze aufgezogen.

Wie bei den Gestüten geschildert, mussten Gestüte und Marstall mehrmals vor Besatzungstruppen fliehen, 1825 ergingen Sparanordnungen König Georgs III. in London. Der braune Staatszug wurde aufgehoben, das Personal um vier Kutscher und 15 Reitknechte vermindert.

c) Das Personal, seine Besoldung und Kleidung

Besoldungsliste von 1796 (Jahressold)

Offiziere	Untere Bediente
Oberstallmeister 2000 Taler	Pferdearzt 120 Taler
Vizeoberstallmeister 1800 "	Reitschmied 107 "
Stallmeister 916 "	Futterknecht 134 "
Reisestallmeister 640 "	Heubinder 104 "
Stallcommissär 409 "	Leibkutscher 216 "
Oberbereiter 456 "	Reitknecht 120 "
Hofwagenmeister 299 "	Livreediener 100 "
Reisewagenmeister 188 "	Maultierknecht 80 "
Satteldiener 310 "	Riemer 110 "
Bereiter 203 "	Rademacher 105 "
Reitscholar 50 "	

Später traten noch Dienstgrade auf, wie Vorreiter, Outrider und Trotteur. Zum Sold kamen noch Zuschläge (Emolumente): Kostgeld, Bittgelder, Neujahrsgeld, Trinkgeld, Lichtgeld, freie Wohnung, Deputate an Holz oder Torf, Mondierungszulage und Livree-Entschädigung, was auf die Fürsorge des Dienstherren weist. Die Bedienten wurden oft im Betrieb sehr alt und kamen über 50 Dienstjahre.

Die Kleidung

Das Uniformreglement von 1794 schrieb den Marstalloffizieren einen blauen Rock mit rotem Kragen, Futter und Aufschlägen sowie weiße Beinkleider vor, Zu Hoffesten und offiziellen Anlässen war eine Galauniform unabdingbar, ansonsten eine einfache Dienstuniform.

Eine 1851 durch Georg V. erlassene Ordnung sah folgende Galauniform vor: Rock aus scharlachrotem Tuch mit stehendem Kragen, blauen Ärmelaufschlägen und blauem Schoßunterfutter, Weste aus blauem Casimir, Hosen aus blauem Tuch mit roten Streifen, Ecuyer-Stiefel (mit Sporen bei Paraden), dreieckigem Hut mit hannoverscher Kokarde und weißem Federbusch, dazu ein Säbel mit schwarzem Griff mit Pferdekopf, Säbelkoppel mit goldener Tresse, weiße Handschuhe. Auch die unteren Chargen waren wohl versehen; 1865 standen zum Beispiel den Sattelknechten jährlich zu: ein Livreerock, je eine kurze und lange Hose, ein Stallkittel, zwei Unterhosen und eine Mütze.

d) Der Pferdebestand und seine Versorgung

Es wurden starke Schwankungen vermerkt. 1750-1800 waren es 80 bis 120 Tiere bei Verkäufen von bis zu 60 Stück, 1825 war die Zahl auf 92 Reitpferde und 152 Kutschpferde angewachsen, 1867 verkaufte man nach der preußischen Inbesitznahme in viertägiger Auktion 203 Pferde und behielt nur 22 Reitpferde und sieben Züge mit 46 Kutschpferden.

Die Namensgebung der Pferde geschah oft nach deren Eigenschaften („die Fürwitzige", „die Begierige"), als auch auf französische oder englische Begriffe („le Galopien", „Gramby").

Das Futter wurde in Magazinen gelagert. Getreide kaufte man zentral ein, Heu nach Gewicht. 1818 kaufte man 975 Stiegen „Hammelstroh" und 2740 Malter Hafer (ein Malter = 1,87 Hektoliter). An Heu erhielt jedes Pferd pro Woche 70 Pfund. In der Vieharzneischule wurden kranke Tiere behandelt. Schon weit vorher wurde 1691 von der Verabfolgung von Augenpulver, Drösepulver und Fresspulver berichtet. Pferde wurden sogar ins Kurbad geschickt: 1793 gingen drei Pferde zur Kur nach Nenndorf, nämlich „Lotharis", „Royal Barbe" und „Compagnon". Das Heilwasser vertrieb bei den ersten beiden Pferden die Lahmheit.

Ausgemusterte Pferde, die wegen ihrer Mängel unverkäuflich waren, wurden an Bedürftige gegeben, so 1762 „die Kräftige", eine perlfarbene Stute, an Heinrich Klingemann in Wülferode, weil sie oft „kollerisch" wurde.

e) Das Inventar an Wagen und Geschirr

Bestand 1781: sechs Staatswagen, 125 Wagen aller Art, wie Kaleschen, Chaisen, Coupees, und Arbeitswagen, darunter „Meublenwagen vor die Tapeziers", Dazu gehörten 281 Geschirre. Das Sattelzeug war von ungarischer und berberischer Art, Putz- und Pflegemittel wurden genau zugeteilt.

Bestand 1854: 1 Staatswagen, 16 Stadtwagen, 12 Broughams, 25 Kaleschen, 17 Phaitons, 8 Landauer, 3 Postchaisen, 2 Pirschwagen, 5 Omnibusse, 10 Holzwagen, 2 Wasserwagen, 2 Trauerwagen, 2 Möbelwagen, 17 Schlitten. Der Wert des Inventars von 1854 betrug 133 631 Taler.

f) Auf Reisen

Prächtig muss es ausgesehen haben, wenn der König oder hochgestellte Personen mit Gefolge und stattlich gekleideten Bedienten auf Reisen gingen. Dafür dienten Staatszüge mit einheitlicher Bespannung. Die Verantwortung auf Reisen trugen der Reisewagenmeister und der Reisestallmeister. Es sollen einige Beispiele von Reisen genannt sein: 1690 reiste der Kurfürst zu seinem Jagdschloss bei Linsburg bei Nienburg. Dabei waren der Stallmeister v. Platen, Kammerdiener Rosenhagen, Sekretär Gerbrandt, Chirurg Bouquet, der Koch Nikola, zwei Pagen, fünf Lakaien, drei Kutscher, neun Stallknechte und ein Bereiter mit zusammen 15 Pferden.

1741 reiste auf Befehl Georgs III. der Geheimrat v. Münchhausen zur Kaiserwahl nach Frankfurt. Dazu wurden zwei Karossen für 834 Taler von Hofvergolder Wiedemann neu vergoldet.

1761 erging die Anweisung Georgs III., seine auserwählte und spätere Gemahlin, die Prinzessin Sophie Charlotte von Mecklenburg-Strelitz, in Neustrelitz abzuholen und nach Ritzebüttel (Cuxhaven) zum Schiff nach England zu bringen. Der beauftragte Oberstallmeister v. Mahrenholtz setzte dafür fünf Züge mit 13 Kutschern ein.

Auf der Rückreise König Georgs V. von Kassel nach Hannover wurden fünf Staats-, sechs Jagd- und drei Maultiergespanne eingesetzt.

Literatur

August Jugler: Beiträge zur Geschichte der Stadt Hannover, Hannover 1865
Carl Ernst von Malortie: Beiträge zur Geschichte des Braunschweig-Lüneburgischen Hauses und Hofes, Erstes Heft, Hannover 1860, S. 146
Arnold Nöldeke: Die Kunstdenkmäler der Provinz Hannover, Heft 2: Stadt Hannover, Teil 1: Denkmäler des „alten" Stadtgebietes Hannover, Hannover 1932, Neudruck: Wenner, Osnabrück 1979. ISBN 3-87898-151-1
Helmut Plath: „Der Marstall der Könige von Hannover", in Monatszeitschrift „Der praktische Tierarzt", Nr. 6, Mayer Verlag, München 1955
Karl Scheibe: „Vom alten Ratsmarstall in Hannover", in Zeitschrift „Niedersachsen", Hannover 1907

Quellen

140 Akten des Niedersächsischen Landesarchivs -Hauptstaatsarchiv Hannover- (Bestand Hannover Dep. 103)

05

Die Celler Geschützgießerei

In Celle bestand von 1659 bis 1789 die so genannte Stückgießerei der Landesherrschaft. Sie lag am Bohlenberg Nr. 7, heute Kanonenstraße, auf dem Gelände des jetzigen Josephstifts. Hier wurden große Mengen Kanonen, Mörser, Haubitzen und andere Geschütztypen gefertigt, hauptsächlich während des Siebenjährigen Krieges. Die Einstellung des Betriebes erfolgte 1789, da der Bedarf stark gesunken war. Das Gebäude fand bis zu seinem Abriss 1891 anderweitige Verwendung.

Die Entwicklung des Geschützwesens beginnt etwa 1350. Seit dieser Zeit wurden bei militärischen Auseinandersetzungen Geschütze verwendet. Sie kamen bei Belagerungen und deren Abwehr zum Einsatz. Hersteller waren Metallgießer, die aus Bronze Glocken und auch Geschütze gossen. Während der Feldzüge brauchte man leichter zu transportierende Geschützarten. Zu den leichten Waffen zählte man Feldschlangen, Falkonetten und Musetten, zu den schwereren Haubitzen, Kanonen (Kartaunen) und Mörser. Mörser waren radlose, kurze Geschütze mit großem Kaliber und steilem Schusswinkel. Die größte Rohrlänge hatten Kanonen, Haubitzen lagen in der Länge zwischen Kanonen und Mörsern. Sie feuerten steil und waren auf Lafetten mit Rädern befestigt.

Bis ca. 1850 war Bronze als Gussmetall einfach zu bearbeiten, erst dann konnte man Stahl bearbeiten. Die brauchbarsten Bronzegeschützen wurden im Frankreich des 17. und 18. Jahrhunderts hergestellt. Das Gießen erforderte große Sorgfalt und Erfahrung. Bis 1750 goss man das Geschützrohr um eine Kernstange, danach wurde das Rohr als ein massiver Körper gegossen, dann ausgebohrt. Zu Beginn des Gießwesens bestand die Kernstange aus Holz, das mit Lehm isoliert wurde, später aus Eisen. Beide wurden mit einer Mischung aus Fett und Tonmehl beschichtet, welche beim Guss verbrannte, darüber kam ein feuchter Lehmmantel. Nach dessen Trocknung wurde die Form senkrecht in die Gießgrube gestellt und mit der Schmelze gefüllt. Nach dem Erkalten schlug man die Form ab und reinigte das Rohr. Bei der zweiten Methode ersparte man sich die Kernstange. Für das Nachbohren des mit Kernstange gegossenen Rohres als auch für das Ausbohren des massiven Körpers wandte man verschiedene Verfahren an. Es gab waagerechte, aber zumeist wurden senkrechte Bohrmaschinen gebraucht.

Im zweiten Fall wurde entweder das Rohr um den Bohrer oder nur die Bohrstange gedreht. Der Antrieb erfolgte mit Pferde- oder Wasserkraft. Für den Guss schmolz man auch ältere Rohre ein. Die fertigen Rohre wurden nach Reinigung und Polieren einer Schussprobe unterzogen. Kamen sie hierbei nicht zu Schaden, so wurden sie zur weiteren Ausrüstung dem Zeughaus übergeben.

Die Celler Gießerei 1659-1745

Laut Catherine Atkinson sollen in Celle schon 1545 Geschützrohre durch den Braunschweiger Gießer Cord Mente gegossen worden sein. Das Gießereigebäude wurde aber erst 1659 unter Herzog Christian Ludwig erbaut, wie eine Inschrift bezeugt. Erster Gießmeister war demnach ein gewisser Siegfried.

Aus der Zeit von 1690 bis 1707 sind Menge, Typen und Gewichte der gegossenen Rohre bekannt. Aus altem Material wurden sieben Mörser als 30-, 50- und 100-Pfünder (Gewicht der Kugeln), dazu 14 Schrotstücke und 24 Kanonen verschiedener Kaliber gegossen, Gießmeister Johann Philipp Köhler goss 1710 acht Dreipfünder und zwei Achtzehnpfünder, tat aber einen Fehlguss, der ihn in Schulden stürzte. Da er die Schulden nicht abtragen konnte, erließ man ihm die Hälfte der Summe. Er kam wieder zu Ansehen und schloss 1716 einen Vertrag mit der Zeughausverwaltung, in dem er sich „obligierte" (verpflichtete), für Produktionsmittel und Personal zu sorgengenau und gewissenhaft zu arbeiten sowie die fertigen Rohre an das Zeughaus abzuliefern. Köhler erhielt an Gießlohn 3 ½ Taler pro Zentner Bronze. Als Kaution hatte er 200 Taler in Gold zu hinterlegen und bei Fehlguss das verlorene Metall zu erstatten. 1717 goss Köhler sechs Kanonen, die zwar die Feuerprobe bestanden, aber im Lauf Dellen aufwiesen, er versprach, künftig besser zu arbeiten. Als er aber 1721 einen Guss mit 174 Zentnern Bronze „in den Ofen setzte", war er untragbar geworden und musste seinen Abschied nehmen.

Über Köhlers Nachfolger Thomas Riedeweg wurde leider nichts bekannt, Nach dessen Tod 1738 stellte Kommissär Mackphail fest, dass Schmelzofen und Geräte sehr schadhaft waren. 1739 baute man deshalb einen neuen Ofen und erneuerte das Bohrwerk, auch vergrößerte man das Gebäude. Der neue Gießmeister Nicolaus Müller stellte bis zu seinem Tod 1744 insgesamt 36 Dreipfünder her.

**Die Gießerei unter Johann Mayer
bis ca. 1770**

Johann Mayer, Gießer aus Nürnberg (auch Meyer), bekam 1747 den Auftrag für 20 Dreipfünder, die er bis Ende 1748 fertig stellte und die nach Erprobung durch Hauptmann Winkelhausen „ohnbeschädigt" blieben. Dafür hatte man alte Geschütze aus Uelzen und Detmold angekauft, sogar zwei Rohre aus der Armee Tillys, also schon 120 Jahre alt, dazu „barbarisches" Kupfer aus Hamburg. Zusammen mit dem Gießer Schalck stellte Mayer nach englischem Modell zahlreiche Sechspfünder her, was ihm 50 Dukaten als Anerkennung einbrachte. Ab 1750 begann man mit massivem Guss und anschließendem Ausbohren, was weiter schießende Rohre erzielte.

Um neue Aufträge zu erhalten, ging Mayer mit dem Gießlohn von 6 ½ auf 5 Taler und 24 Mariengroschen pro Zentner Metall herunter und gab 400 Taler Kaution.

So bekam er den Auftrag für zehn Dreipfünder. Im Siebenjährigen Krieg goss man nach französischen Beutestücken so genannte Amusetten, leichte feldtaugliche Geschütze. Das Jahr 1759 mit großen Erfolgen der hannoverschen Armee verlangte große Anstrengungen für Mayer und seine zwei Gesellen. Die Kriegskanzlei verlangte den Guss von 30 Dreipfündern und sechs Sechspfündern. Mayer schrieb, dass man Tag und Nacht arbeite und stets Furcht vor Fehlgüssen habe. Dazu kam noch Undank, denn Kommissär Mackphail behauptete, dass Mayer nicht mehr so fleißig sei.

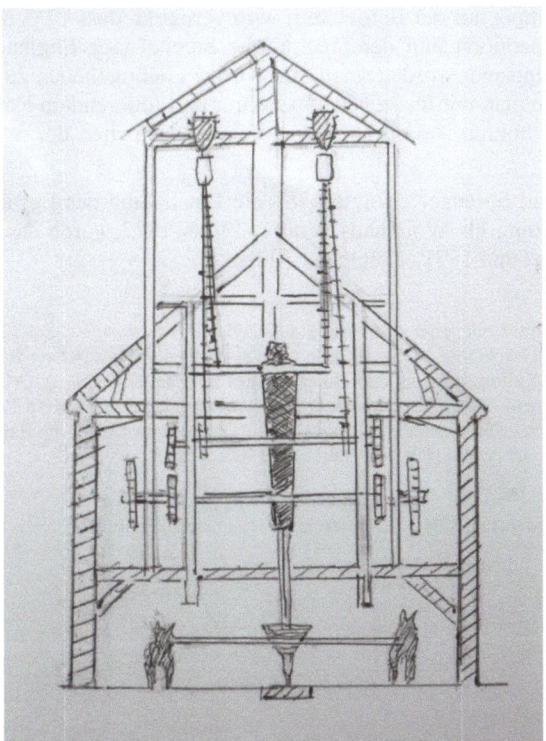

Abb. 10: Schnittzeichnung einer Senkrecht-Drehbank zum Ausbohren von Geschützrohren. Zeichnung des Autors nach William Reid, Das große Buch der Waffen – Von der Steinzeit bis zur Gegenwart, Düsseldorf/Wien 1976

Für den Guss sammelte man alles erreichbare Metall ein, selbst alte Braupfannen. Man erwarb auch „barbarisches" Kupfer, das besser sein sollte als das Mansfeldsche Kupfer. Bis zum Juni 1761 wurden 34 Dreipfünder gegossen, dann folgten 12 Sechspfünder, acht Zwölfpfünder und 18 Amusetten. Wegen der großen Aufträge war eine Erweiterung nötig; 1760 wurde ein neues Bohrhaus erbaut mit Hebezeugen, Walzen, Bohrstangen und anderem. 1765 wurde dann der schadhafte Gießofen erneuert. Mayer wollte durch Fahrlässigkeit eines Zeughausbeamten finanziellen Schaden erlitten haben, wurde deswegen aber abgewiesen.

1766 und 1767 wurden je 12 Dreipfünder gegossen; Material hatte man dafür aus 21 unbrauchbar gewordenen Geschützen gewonnen. Als 1769 Sechspfünder im Wildgarten ausprobiert wurden, barsten einige davon. 1770 schloss die Kriegskanzlei mit Mayer einen Vertrag über den Guss von Sechspfündern, in welchem er pro Zentner Bronze einen Gießlohn von sieben Talern und 18 Mariengroschen erhielt. Er verpflichtete sich, Geräte und Material zu besorgen, genau nach Zeichnung ohne Grube zu gießen und saubere und brauchbare Rohre zu liefern.

Als letzte Meldung aus der Betriebszeit wird vermerkt, dass 1778 der Zeughausverwalter Schnadhorst und der Stückjunker Stucke nach England (Woolwich und London) entsandt worden seien, um dortige Gießmethoden zu studieren. In England bohrte man mit feststehendem Bohrer und rotierendem Rohr. Versuche, auch Stahl zu bohren, waren auch dort durch Zerbrechen des Werkzeugs gescheitert.

Laut Cassel und Sprenger erfolgte 1789 die Einstellung des Betriebes, Danach kam eine Nutzung als Wohnhaus. Von 1833 bis 1877 wurde das Gebäude als Lazarett genutzt und 1891 erfolgte der Abriss.

Literatur

Catherine Atkinson: Celle, eine wehrhafte Stadt, Celle 1989
Clemens Cassel: Geschichte der Stadt Celle in zwei Bänden mit besonderer Berücksichtigung des Geistes- und Kulturlebens der Bewohner, in zwei Bänden, erster Band, Celle 1930
Erich Egg: Kanonen – Illustrierte Geschichte der Artillerie, bei Scherz, Bern 1971
Theodor Sprenger: „Die ehemaligen herzoglichen Gebäude in Celle", in Hannoversche Geschichtsblätter, 9. Jahrgang, Heft 4-6, Hannover 1906, S. 64 ff.

Quellen

21 Akten des Niedersächsischen Landesarchivs -Hauptstaatsarchiv Hannover- (Bestand Hann. 47 I)

06
Der Waterlooplatz und seine Militärbauwerke

Der heutige Waterlooplatz mit seinen Verkehrsströmen lässt kaum noch seine frühere Bedeutung und Verwendung erkennen. Nach seinem Vorläufer, der Esplanade von 1780, entstanden der Platz und die Waterloosäule nach der Konzeption des Hofbaumeisters Georg Ludwig Friedrich Laves (1788-1864) ab 1826. Drei Kasernen, das Leibnizmonument und das Zeughaus folgten. Der militärische Charakter erhielt sich bis zum Zweiten Weltkrieg, dann fanden hier Ministerien und Ämter ihren Platz.

Abb. 11: Parade vor Vizekönig Adolph Herzog v. Cambridge. Ausschnitt aus einer kolorierten Radierung um 1833 von Georg Emmanuel Opitz (1775-1841), in: Joachim Niemeyer, Die königliche Hannoversche Armee (1987)

Die Entstehung des Waterlooplatzes

1767 begannen die Abtragung der Wälle vor dem Leineschloss und die Erweiterung des Stadtbereichs. 1780/82 errichtete Festungsbaumeister Dinglinger die Esplanade als Exerzierplatz. Dieser Platz war von einem neuen Wall eingeschlossen. An seiner Westseite befand sich nun der königliche Bauhof. Die Esplanade erwies sich als zu klein, denn die beiden Garderegimenter waren gezwungen, ihre Übungen teilweise auf den Wällen an der heutigen Georgstraße und am Clevertor abzuhalten. Eine Baukommission, der Hofmarschall v. Wangenheim und Baurat Laves angehörten, sann auf eine neuerliche Erweiterung, Laves entwarf Pläne für den Platz, deren Kosten auf 26501 Taler veranschlagt wurden. Die Hauptarbeiten bestanden aus umfangreichen Erdbewegungen für die Auffüllung des alten Stadtgrabens, für die Aufschüttung des Platzes und von neuen Deichen. Hierbei waren 108012 Fuder (ca. 100000 Kubikmeter) zu bewegen, was nach Gutachten allein 15000 Taler kosten sollte. Man musste noch Grundstücke dazukaufen und Entschädigungen zahlen, was die Baukosten schon auf 42920 Taler trieb. Die errichteten neuen Deiche erwiesen sich als ungenügend, denn 1840 und 1854 führten Hochwasser der Leine und Ihme zu Überschwemmungen des Geländes. Im Bereich des Neuen Tores waren bauliche Veränderungen nötig, um Sicherheit gegen Angriffe zu erhalten, Der entstandene Exerzierplatz erreichte eine Fläche von 394 x 130 Metern, ausreichend für maximal 10000 Soldaten.

Die Waterloosäule

Gleich nach dem Ende der Befreiungskriege begannen 1815 Überlegungen für den Bau eines Denkmals für den Sieg und die Gefallenen. Es entstand ein Organisationskomitee, dem als Erste angehörten: General Wilhelm v. Linsingen, Staatsminister v. Meding, Schlosshauptmann v. Knigge, der Abt Saalfeld, Justizrat Ernst Ludwig v. Werlhoff, Oberforstmeister v. Plate und Hofmarschall Christian Ernst v. Wangenheim, Später stießen andere hinzu, darunter Hofbaurat Georg Ludwig Laves. Man begann sofort mit Sammlungen, die Kasse der Kommission gestattete erst 1826 nach Einwilligung (1826) und Zuschüssen des Königs Georg IV. den Baubeginn. Der Bau dauerte mit Unterbrechungen bis 1832 und kostete 21000 Taler. Für Bau und Gestaltung des Monuments gingen zahlreiche Vorschläge ein, unter anderem die des Hofmalers Ramberg und des Baurats Möller und für die Figur der Viktoria die des Bildhauers Thorvaldsen. Für die Steinhauerarbeiten gab ein Konsortium der Barsinghäuser Steinhauermeister A. W. und G. Blume, Förstermann, Kirchmann, Schüddekopf, Peters und Höfene ihr Angebot über 14500 Taler ab und erhielt den Auftrag. Nach dem Entwurf von Laves entstand auf einem Quadersockel die Säule von 47 Metern Höhe, gekrönt von der Figur der Viktoria mit 5,9 Metern Höhe. Die Figur wurde von Conrad Beckmann ausgeführt, ihre beiden Kränze ehren Sieger und Gefallene. Auf den gusseisernen Tafeln an drei Seiten des Unterbaus sind die Gefallenen der Schlacht und ihre Einheiten verzeichnet, umrahmt von jeweils zwei Kanonenläufen. Die Grundsteinlegung mit dem ersten Hammerschlag wurde durch den Herzog von Cambridge ausgeführt. Es wurden gläserne Kästen und Zylinder mit Nachrichten, Karten, Maßen und Gewichten eingemauert. Am 18. Juni 1832 geschah die feierliche Einweihung durch König Wilhelm IV. an der Spitze der hannoverschen Truppen. Die Schlüssel für die Aufsicht wurden dem Hauptmann Ahrbeck

übergeben. Prunkvoll mit Paraden wurden zu Füßen der Säule der 50. Jahrestag der Schlacht von Waterloo und 1871 der Sieg über Frankreich gefeiert.

Das Leibnizmonument

1787 erging ein Antrag des Kriegsrats v. Reden und der Hofräte Patje, Ramberg und Höpfner an König Georg II. zu Ehren des Gelehrten Gottfried Leibniz (1646-1716), der lange Jahre in hannoverschen Diensten stand, ein Ehrenmal zu errichten. Die Antragsteller gaben dafür 1000 Taler. Nach Einwilligung des Königs und seiner Bestimmung des Bauplatzes entstand nach Plänen des Hofmalers Ramberg 1788-1790 auf dem Wall westlich der Esplanade das Monument als Kuppelbau auf Säulen. Für den Innenraum fertigte ein römischer Bildhauer nach Entwurf von Hewitson die Büste des Gelehrten, der auch durch eine Inschrift geehrt wurde. 1935 wurde das Monument in den Georgengarten versetzt.

Abb. 13: Ehemalige Gardejägerkaserne.

Das Zeughaus

An der Stelle des heutigen Justizministeriums stand ab 1849 das neue Zeughaus, erbaut von Kriegsbaumeister Ernst Ebeling (1804-1851) nach Plänen von dem Architekten Hr. C. Stremme (der in königlich russische Dienste trat). Es ersetzte das alte Zeughaus an der Leine. Der Neubau kostete 442142 Taler, davon der Hauptbau 278000 Taler, die aus der Kriegskasse kamen. Das hufeisenförmige Haupthaus besaß an der Hauptfront 85,5 Meter Länge und 18 Meter Höhe, die Flügel eine Länge von 40 Metern. Der Sandsteinbau in florentinischer Architektur war mit kastellartigen Ecktürmen versehen. Im Erdgeschoss waren Packräume, Kammern für Pulvertonnen und Abstellräume für 60 Feldgeschütze samt

Fuhrwerk vorhanden. Im ersten Obergeschoss verwahrte man 32000 Gewehre sowie Säbel und in einem Ehrensaal die Fahnen der hannoverschen Regimenter und Trophäen. Im zweiten Obergeschoss wurden Pferdegeschirre gelagert, in zwei Nebengebäuden fanden je zwei Artilleriebatterien mit Zubehör ihren Platz. Zur Instandhaltung des Materials dienten Werkstätten, 1861 musterte man alte Waffen und Rüstungen aus und übergab sie dem Welfenmuseum, Nach der Besetzung 1866 wurde das Zeughaus als preußisches Artilleriedepot weitergeführt. Es brannte im Zweiten Weltkrieg aus. Die erhaltenen Fassaden wurden abgerissen, was dann mit zu der „zweiten Zerstörung Hannovers" beitrug.

Die Kasernen

Als die Soldaten 1815 aus den Befreiungskriegen heimkehrten, mussten sie mangels Quartieren provisorisch in Teilen des Leineschlosses untergebracht werden. Nach Ausbruch von Cholera musste man sie über das gesamte Stadtgebiet verteilen. Es entstanden dann zwischen 1827 und 1835 drei Kasernen:

1. an der Nordwestseite 1827 die Kaserne der Garde-Jäger nach Plänen des Kriegsbaumeisters Andrae zum Preise von 58944 Talern. Der Bau besaß 15 Achsen und Walmdach, war bis 1838 Sitz des Stadtkommandanten, dann zogen danach die Garde-Jäger ein. Die Maße des Gebäudes waren 52 x 20 x 13 Meter. Hier wurden 400 Mann einquartiert in 18 Schlafräumen für Mannschaften und 26 Räumen für Offiziere und Unteroffiziere. Erster Kommandant wurde Oberstleutnant v. d. Decken.

2. an der Südwestseite 1831 die Kaserne des Königlichen Leibregiments. Diese war 52 Meter lang und besaß unter fünf Arkadenbögen eine Freitreppe. Erster Kommandant war hier Oberstleutnant Wyneken.

3. an der Südostseite die Kaserne der Gardegrenadiere, 1835 dreigeschossig erbaut mit Neben- und Werkstattgebäuden. Erster Kommandant war hier Oberst v. Baring, danach Oberstleutnant v. Kronenfeldt.

Die Gebäude wurden von so genannten Kaserniers betreut – ab 1839 Feldwebel Engelhardt, ab 1846 Feldwebel v. Alwörden. Bis zum Ersten Weltkrieg wurden die Bauten militärisch genutzt, danach von NS-Stellen. Im Zweiten Weltkrieg zerstörten Bombardements die beiden westlichen Kasernen und das Zeughaus. Allein die ehemalige Garde-Grenadier-Kaserne blieb erhalten und ist heute Sitz der Wasser- und Schifffahrtsdirektion.

Literatur und Quellen

Georg Hoeltje: Georg Ludwig Friedrich Laves, mit einem Beitrag über Georg Ludwig Friedrich Laves als Bauingenieur von Helmut Weber, Steinbock, Hannover 1964
Arnold Nöldeke: Kunstdenkmale der Provinz Hannover, Teil I, Stadt Hannover, Hannover 1932
Alfons Schmidt: Hauptstadtplanung in Hannover seit 1945, Hannover 1995
Bernhard Schwertfeger: „Hannover als Soldaten- und Reiterstadt", in Zeitschrift „Niedersachsen"
Adressbücher der Stadt Hannover 1830-1950

Akten des Niedersächsischen Landesarchivs -Hauptstaatsarchiv Hannover- (Bestände Hann. 47 IV, 48 und 48 b)

07

Manöver und Paraden der hannoverschen Armee

Die hannoversche Armee wurde 1705 aus Anlass der Vereinigung der welfischen Herzogtümer unter Kurfürst Georg Ludwig gegründet. Die Truppen hatten schon vorher ihre bei der Ausbildung erworbenen Fähigkeiten in Exerzierlagern vertieft und bei abschließenden Paraden (Revuen) gezeigt, so beispielsweise 1688 bei Sulingen. Bis ca. 1730 hatten diese Veranstaltungen noch den Charakter von Musterungen und dienten der Überprüfung von Vollzähligkeit und Dienstfähigkeit der Einheiten, des Zustandes der Waffen und Kleidung sowie dem richtigen Erhalt der Löhnung.

Die Erfahrungen des Siebenjährigen Krieges 1756-63 fanden ihren Niederschlag in Übungen zum Zusammenwirken größerer Einheiten bei Manövern unter kriegsähnlichen Bedingungen. In der napoleonischen Zeit bestand die hannoversche Armee nur in Form der Königlich Deutschen Legion in Großbritannien und wurde 1813/14 neu gegründet. Ab 1815 war sie Teil der Armee des Deutschen Bundes und hier der Hauptbestandteil des 10. Bundesarmeekorps.

Abb. 14: Ausschnitt aus Joachim Niemeyer, „Die Revue bei Bemerode 1735 – Eine kulturgeschichtliche und heereskundliche Betrachtung zu einem Gemälde von J.F. Lüders" (Beckum 1985)

Gliederung der Armee
und Organisation der Manöver

Vor ihrer Auflösung 1803 besaß die Armee eine Stärke von 17000 Mann, bestehend aus zwölf Infanterieregimentern, zwölf Kavallerieregimentern und einem

Artillerieregiment, nach der Neugründung 1814 von vier Kavallerieregimentern weniger. Kurz vor der Auflösung der Armee 1866 verfügte man über eine Friedenstruppe von 19000 Mann, unterteilt in 10692 Infanteristen, 3078 Kavalleristen und 2470 Artilleristen und Sondereinheiten.

Die Hauptmasse der Armee war um Hannover konzentriert mit den Garnisonsorten Hannover, Celle, Hameln und Wunstorf. Diese Einheiten hatten deshalb geringere Anfahrtswege zu den Manöverorten dieser Region. Andere Übungsgebiete waren mehrfach die Umgebung von Lüneburg und Stade. Jede Waffengattung hatte eigene Reglements, die nochmals für Exerzierübungen und die Paradeordnung unterteilt waren. Sie wurden den Erkenntnissen aus der veränderten Waffentechnik und der stattgefundenen Kriege angeglichen. An den Manöverorten wurden Standlager errichtet, bei deren Auf- und Abbau genaue Regeln galten. Dies betraf unter anderem den Bau von Magazinen, und Zeltlagern sowie die Lieferung von Lebensmitteln, Pferdefutter und Verbrauchsgütern durch lokale Großhändler. Nach Ende der Manöver wurden die Schäden, die der Land- und Forstwirtschaft entstanden waren, durch „Achtsleute" aufgenommen und entschädigt.

Aus Archivmaterial ermittelte Manöverorte

Vor 1803 in zeitlicher Reihenfolge:

Celle	1732
Bemerode südwestlich von Hannover	1750, 1752, 1755
Harburg	1771
Bult bei Hannover	1776
Stöcken bei Hannover	1778
Hameln und Herzberg	1779
Hagen bei Stade	1780
Döhren bei Hannover	1781
Lüneburg	1782
Northeim	1784
Döhren bei Hannover	1785
Deutsch-Evern bei Lüneburg	1786 und 1787
Hildesheim	1788
Döhren bei Hannover	1791
Lüneburg	1792
Stöcken bei Hannover	1798
Döhren bei Hannover	1799

Von 1821 bis 1866 in zeitlicher Reihenfolge:

Hildesheim	1821
Hoya	1828
südwestlich von Hannover	1837 und 1841
Südlich Lüneburg	1843
Bult und südwestlich Hannover	1846
Lüneburg	1854
Wienhausen (Artillerie)	1855

Walsrode	1856
Elze/Nordstemmen	1858
Verden	1860
Döhren bei Hannover (Artillerie)	1861
Walsrode	1863
Elze/Nordstemmen	1865

Die Manöverorte stammen aus nach Daten geordneten Akten des königlichen Hausarchivs.

Militärische Ausdrücke
des 17. und 18. Jahrhunderts

Avantgarde (Vorhut), Arrieregarde (Nachhut), Armatur (Ausrüstung), Choq (Schock, Zusammenprall), Defilee (enger Weg, schmale Front), Debouchieren (Hervortreten aus Enge), Deployieren (Ausbreitung), Disposition (Plan), Evolution (Exerzieren, Entwicklung), Equipage (Ausrüstung), Furage (Verpflegung), Place d'armes (Waffenplatz), Poussieren (Vorwärtstreiben), Quarree (Karree, Viereck), Remonte (Auffrischen des Pferdebestandes), Retraite (Rückzug), Soutien (Unterstützung), Tete (Spitze).

Abb. 15: Offizier und Trompeter des Garde du Corps
(aus: Eckert, Das Königreich Hannover, 1980)

Manöver und Parade 1735
bei Bemerode (südwestlich von Hannover)

Die Parade (Revue) vor König Georg I. wurde von Christian Johann Fr. Lüders 1739 in dem Buch von Joachim Niemeyer „Die Revue bei Bemerode 1735" anschaulich beschrieben. Vorangegangen waren Übungen folgender Einheiten: am

41

9. Juni die Garde du Corps, am 13. Juni die Garde zu Fuß, am 21. und 22. Juni je Infanterieregimenter und Teilen von Kavallerie und Artillerie, am 23. Juni der Rest der Kavallerie. Die „Generalrevue" am 25. Juni 1735 umfasste ein Zehntel der Infanterie, ein Sechstel der Kavallerie und eine Artillerieabteilung, was dann ca. 2000 Militärpersonen ergab. Zu Beginn ritt König Georg die Linie ab; ihm wurde mit aufgepflanztem Bajonett präsentiert. Es folgte Schulexerzieren nach Signalen. Den Abschluss bildete der Vorbeimarsch mit der Garde du Corps als letzter Einheit.

Nicht umsonst sprach man vom „Zauber der Montur"; denn die Paradeuniformen boten einen Farbenrausch: Die Infanterie trug rote, die Kavallerie weiße und die Artillerie stahlblaue Röcke. Die Paradeordnung richtete sich streng nach der „Anciennität" (Rangfolge) der einzelnen Einheiten. Die Flügeloffiziere waren dabei die wichtigsten Leute. Die Mannschaften erschienen nach hannoverschem Reglement, wobei das erste Glied aus den größten Männern mit Bart, das zweite Glied aus großen Bärtigen, das dritte Glied aus kleinen Bärtigen und das vierte Glied aus Bartlosen bestand.

Ranghöchste Anwesende waren König Georg II. als Monarch von Großbritannien und Hannover und sein Gast, König Friedrich Wilhelm I. von Preußen. Der Gast brachte allein 150 preußische Offiziere als Beobachter mit. Weiterhin waren zahlreiche militärische Abgeordnete deutscher und anderer Staaten, unter anderem von Österreich und Dänemark, was anschließend Anlass zu einem Volksfest gab.

Manöver und Generalrevue
auf der Bult bei Hannover 1750

Heute durch Stadthalle mit Park, Zoologischem Garten und Eilenriede-Stadion bebaut, war die Bult damals ein Feld- und Wiesengelände, das vielmals Austragungsort von Militärübungen und Paraden war. Die Bult diente bis zum Ersten Weltkrieg (1914-1918) als Artillerie-Übungsplatz.

Die vom 15. bis 27. Juni 1750 stattfindenden Exerziertage umfassten zwei Revuetage am 15. und 27. Juni, an denen Heerschau durch Georg II. gehalten wurde, der gerne seinen hannoverschen Landesteil besuchte. Bei dieser Gelegenheit stand das Zelt des Königs an zwei Stellen, wo sich heute das Stadion befindet. Die Ankunft des Königs wurde mit zwölf Kanonenschüssen angekündigt. Ihm wurden Schwenkungen und Evolutionen von einzelnen Einheiten vorgeführt. Es fanden auch simulierte Gefechtsübungen statt, bei denen die Stellung am Pferdeturm angegriffen wurde. Dieser hatte eine Schlüsselfunktion zwischen zwei Teilen der Eilenriede inne. Auch übte man Angriffe auf eine neu erbaute Schanze (Schanze). Insgesamt nahmen zwölf Bataillone Infanterie und 18 Schwadronen (Escadrons) Kavallerie teil, letztere mit der Garde du Corps und berittenen Grenadieren. Erhalten sind die „Spickzettel" der Kommandeure mit Zeichnungen, Kommandos und Signalen. Die Truppen nächtigten nicht im Lager, sondern waren in der gesamten Umgebung Hannovers bis nach Ilten, Blumenau und Koldingen in Privatquartieren untergebracht.

Manöver bei Döhren (südlich von Hannover) 1781 und 1785

Voran gingen Belagerungsübungen der Artillerie auf ein Erdfestungswerk (Polygon = Vieleck), das an der Garkenburg aufgeführt worden war. Hierbei wurden verschiedene Belagerungstechniken angewandt, unter anderem das Ausheben von Gräben (Sappen). Auch benutzte man Geschütze von Dreipfündern bis zu Hundertpfündern. Die Hauptmanöver fanden am 22. September bis 1. Oktober 1781 unter dem Kommando des hannoverschen Feldmarschalls Christian Ludwig v. Hardenberg (1700-1781), Kommandierender Chef der gesamten deutschen Truppen zu Hannover, statt. Daran nahmen elf Infanteriebataillone, fünf Kavallerieregimenter und Artillerie teil. Ein Truppenteil stand im Westen längs der Linie der Dörfer Döhren-Wülfel-Laatzen, der andere Teil besetzte im Osten den Kronsberg. Nach Evolutionsübungen der ersten Tage und der Musterung durch den Herzog von York griff die westliche Einheit aus drei Bataillonen Infanterie und vier Schwadronen Kavallerie die Besatzung des Kronsbergs an, die bei der Bemeroder Windmühle standhielt. Der zweite Manöverteil kehrte die Lage um, indem die östlichen Einheiten verstärkt wurden und das Lager bei Döhren angriffen. Weitere Übungen unterblieben wegen extrem schlechten Wetters.

So kam es 1785 zum Manöver zur fast gleichen Zeit mit fast gleichen Einheiten zu Übungen am Kronsberg. Nach dem Ende der hannoverschen Armee übten preußische Einheiten in der Umgebung Döhrens und des Kronsbergs. Auch wurden östlich Döhrens die Herstellung und Lagerung von Schießpulver betrieben.

Manöver südlich von Lüneburg 1843

Unter dem neuen Kommando des Generalleutnants Freiherr Hugh von Halkett (1783-1863) fanden sich hier Einheiten des „concentrirten 10. Bundesarmeecorps" zusammen. Zur „Blauen Partei" des Allerkorps unter Generalleutnant Graf Wilhelm von Hessen gehörten 11 000 Mann in 15 Bataillonen Infanterie, 17 Schwadronen Kavallerie und 30 Geschütze, Infanterie und der größte Teil der Kavallerie waren Hannoveraner, dazu kamen Dragoner aus Holstein und Mecklenburg-Schwerin sowie die Artillerie aus Braunschweig. Die „Rote Partei", das Elbkorps unter Generalleutnant Georg Julius Wilhelm Ludwig Graf von der Decken (1787-1859), bestand aus 13 000 Mann, aufgeteilt in 18 Bataillone Infanterie aus Hannover und Mecklenburg, 20 Schwadronen Kavallerie aus Hannover und Braunschweig, die Artillerie mit 28 Geschützen und Mannschaften aus Mecklenburg und Oldenburg. Laut Regie drängte das stärkere Elbkorps am 2. und 3. Oktober das Allerkorps auf Häcklingen und Melbeck zurück, wobei die Ilmenau überquert wurde. Der Gegenangriff drängte die „Roten" in den nächsten Tagen bis zu den „Langen Bergen" östlich von Lüneburg zurück, die zäh verteidigt wurden, was dann zum Stillstand führte.

Die große Parade am 8. Oktober wurde von König Ernst August abgenommen, Als höchster Ehrengast nahm König Friedrich Wilhelm von Preußen teil, außerdem die regierenden Fürsten von Braunschweig, Oldenburg, Mecklenburg-Schwerin und Mecklenburg-Strelitz sowie 20 Mitglieder des Hochadels. König

Ernst August vergab nach der Parade drei Orden 2. Klasse und 25 Orden 4. Klasse des Königlichen Guelphenordens. Gemeldet als Beobachter nahmen noch 900 Personen des Militärs und des gehobenen Bürgertums teil. Erwähnt wird das Auftreten von Militärkapellen, besonders der Hamburger Oboisten und der Strelitzer Hornisten. Beim Manöver verbrauchte man 213 000 Pfund Fleisch, die Kavallerie benötigte 70 000 Rationen Pferdefutter aus Hafer, Heu und Stroh,

Das Manöver 1858 westlich von Hildesheim

Unter Leitung von Generalleutnant Carl v. Jacobi konzentrierte sich das 10. Bundesarmeekorps, bestehend aus 35 Bataillonen Infanterie, 36 Schwadronen Kavallerie, elf Batterien Artillerie- und Pioniereinheiten. Die Einheiten kamen aus dem Königreich Hannover, den Großherzogtümern Mecklenburg-Schwerin, Mecklenburg-Strelitz und Oldenburg, sowie dem Herzogtum Braunschweig und den Hansestädten. Die Manöver waren auf je drei Termine und geografische Bereiche verteilt.

Am 12./13. und 14./17. September trat das so genannte Weserkorps mit 14 500 Mann und 36 Geschützen unter Generalleutnant Alexander v. Dachenhausen gegen das sog. Okerkorps mit 12 000 Mann und 36 Geschützen unter Generalleutnant August v. Witzleben (1808-1880) bei Heyersum und Mahlerten an. Das schwächere Korps zog sich zurück, behauptete aber den Leineübergang von Burgstemmen. Im zweiten Manöverteil trafen sich die gleichen Einheiten als stärkeres Nordkorps und schwächere Südkorps am 17. und 18. September bei Elze und Wittenburg. Hier wurde die schwächere Einheit über die Saale gedrängt, bevor sie am zweiten Tag das Terrain zurückeroberte. Der dritte Teil des Manövers am 19. und 20. September sah die gleichen Einheiten, diesmal als Korps Hannover und Korps Alfeld bei Pattensen und Schulenburg mit ähnlichem Ausgang. Zum Abschluss fand die große Parade am 23. September 1858 zwischen Rössing und Mahlerten statt. Das letzte Manöver vor dem Untergang der Armee wurde im gleichen Gelände wie 1858 abgehalten.

Zur Person:

Alexander Klaus Ludolf von Dachenhausen, geboren am 14. Oktober 1793 zu Stade, gestorben am 24. Juli 1873 zu Verden, Königlich Hannoverscher General-Lieutenant, 1851 Inhaber des Empfänger des Großherzoglichen Ludewigs-Ordens (mit Zusatz „a. D."!), ab 1859 als Generalleutnant Leiter der Kavallerie-Division (Hannover)

Literatur und Quellen

Felix Schütz von Brandis: Übersicht über die Geschichte der hannoverschen Armee, Hahn, Hannover 1903
Heinrich Eckert: Das Königreich Hannover, Frankfurt a. M. 1980
Joachim Niemeyer: Die Revue der kurhannoverschen Armee bei Bemerode 1735 – Eine kulturgeschichtliche und heereskundliche Betrachtung zu einem Gemälde von J. F. Lüders, hrsg. im Auftrage der Deutschen Gesellschaft für Heereskunde, Vögel, Beckum 1985
Louis von Sichardt: Geschichte der Hannoverschen Armee, Hahn, Hannover 1870/71
Udo Vollmer: Die Armee des Königreichs Hannover, Schwäbisch Hall 1978
Oesterreichische Wochenschrift für Wissenschaft, Kunst und öffentliches Leben, Beilage zur f. Wiener Zeitung, Jahrgang 1865, sechster Band, Heft 26 bis 52, Wien, in Commission bei Karl Gerolds Sohn, S. 187
Akten des Niedersächsischen Landesarchivs -Hauptstaatsarchiv Hannover- (Dep. 103)

08

Der schwarze Tag von Hastenbeck

Der Siebenjährige Krieg erstreckte sich über mehrere Kontinente und viele Staaten nahmen daran teil. Auf der einen Seite verbündete sich Preußen mit Großbritannien, vertreten durch Hannover, und einigen kleinen deutschen Staaten. Auf der anderen Seite standen Österreich, Frankreich, Russland und einige deutsche Staaten. Auf dem westlichen Kriegsschauplatz standen sich die Hannoveraner mit Verbündeten und Frankreich gegenüber. In der Nähe von Hameln bei Hastenbeck kam es am 26. Juli 1756 zu einer Schlacht zwischen Hannoveranern und Franzosen. Beide Befehlshaber meinten, die Schlacht verloren zu haben, und befahlen den Rückzug. Der französische Kommandierende erkannte zuerst seinen Irrtum und behauptete das Schlachtfeld. Aus dem hannoverschen Rückzug ergab sich fast eine Kapitulation, danach aber der Gewinn des Feldzuges.

Bewegungen vor der Schlacht

Die französische Hauptarmee unter d'Estrees überschritt den Rhein, besetzte die preußischen Gebiete am Niederrhein und bewegte sich nach Osten. Die alliierte Armee aus Hannoveranern, Hessen-Nassauern, Braunschweigern und Schaumburg-Lippern sollte möglichst nur den Feind beobachten und wurde Observationsarmee genannt. Die alliierten Truppen rückten auf Bielefeld und Paderborn vor, gingen dann aber auf Minden zurück wegen der Befürchtung, südlich umgangen zu werden. Am 16. April 1756 übernahm Wilhelm (William) August Herzog von Cumberland, Sohn König Georgs II., den Oberbefehl über die alliierte Armee. Er hatte sich 1743 bei Dettingen hervorgetan und 1746 den Aufstand der Schotten brutal niedergeworfen. Die alliierte Armee ließ in den Festungen Minden und Nienburg geringe Kräfte zurück und konzentrierte sich im Lager auf dem Tünderanger nahe Hameln. Der hierfür benötigte Train besaß 315 Wagen und kostete im Monat 20000 Taler. Die französische Armee hatte unterdessen am 8. Juli die Weser bei Höxter überschritten und bewegte sich nordwärts. Einige französische Einheiten bedrohten Northeim und Göttingen. Der hannoversche General Sommerfeldt versuchte hier, 2000 Mann einer Bauernmiliz aufzustellen, die Entwicklung überholte jedoch diesen Versuch. Es kam zu ersten Kämpfen bei Amelungsborn, Wickensen und Latferde. Die Hannoveraner wählten aber hier keine Stellung, sondern erwarteten den Feind bei Hameln. Südlich Hamelns war man geschützt durch die sumpfige Niederung des Haste-Bachs und die Festungsanlagen der Stadt. Der Festungskommandant meldete den Bestand von 123 Geschützen aller Kaliber, von 29414 Kanonenkugeln, 6051 Granaten, 1293 Zentnern Schießpulver und 32280 Patronen.

Der Tag vor der Schlacht

25. Juli 1856: Die Tagesparole bei den Hannoveranern lautete Christoph und Gotha laut der Kombination eines Vornamens mit dem Namen einer mitteldeutschen Stadt. Die Armee stellte sich in der Länge von sechs Kilometern in Nordwest-/Südost-Richtung in dem welligen Gelände auf. Den östlichsten Punkt bildete die Höhe der Obensburg (früher Hohenburg), dem südlichsten Gipfel des

Bergzuges Schecken nördlich des Dorfes Voremberg (früher Fuhrenbergen), Hier waren 31000 Mann Infanterie (47 Bataillone) und 5000 Mann Kavallerie (43 Escadrons) versammelt. Die Führung hatten im 1. Treffen General v. Zastrow, der hessische Generalleutnant Wutginau und der Braunschweigische General v. Imhoff. Dahinter stand das zweite Treffen unter Generalleutnant v. Spörcken. Zwei Batterien wurden östlich von Hastenbeck am Schierenbrink errichtet. Die alliierte Armee war aber mit 122 Geschützen den 160 Geschützen der Franzosen unterlegen. Deren Armee besaß mit 50000 Mann Infanterie und 10000 Mann Kavallerie starke Übermacht. Auf der französischen Seite befehligten den linken Flügel de Broglie, die Mitte Contades und den rechten Flügel Armentieres. Die französischen Truppen stiegen aus den Wäldern des Bückeberges und des Hellberges herab und formierten sich im Angesicht der alliierten Armee. Erste Vorstöße der Franzosen wurden abgewiesen.

Der Tag der Schlacht

Auf hannoverscher Seite wurde die Tagesparole Albrecht und Naumburg ausgegeben. Noch tief in der Nacht hatten sich fünf französische Brigaden unter General Chevert auf den Weg gemacht, um die beherrschende Höhe der Obensburg von Südosten über Voremberg einzunehmen, denn hier fiel der Anstieg flacher aus. Gegen elf Uhr war die schwache hannoversche Jägereinheit niedergekämpft, und französische Kanonen begannen, in die Flanke der Alliierten zu schießen. In der Mitte der Front begann schon ab sechs Uhr das Artillerieduell, bei dem die überlegenen Franzosen die hannoverschen Batterien in Schach hielten. Hastenbeck wurde von den Einheiten Armentiers und Contades eingenommen, auch die beiden verschanzten Batterien am Schierenbrink und Kätzigsgrund. Ein hannoverscher Gegenangriff unter dem Erbprinzen von Braunschweig eroberte nur kurzzeitig die Batterien zurück. Cumberland befahl nun die im Norden des Scheckenmassivs zur Sicherung gegen Osten stehenden Einheiten zum Angriff. Die sechs Bataillone und zwei Escadrons der Obersten v. Breitenbach und v. Dachenhausen nahten im Eilmarsch und gewannen die Obensburg von Osten. Nunmehr gegen 13.15 Uhr feuerten die Kanonen auf der Obensburg in den Rücken der Franzosen, die panikartig flohen. Es war zu spät, denn um 13 Uhr hatte sich Cumberland unter dem Eindruck der Gefahr in der Mitte zum Rückzug entschlossen. Auch befürchtete er, von seiner einzigen Rückzugstraße durch das damals nasse Gelände abgeschnitten zu werden.

Eine halbe Stunde später befahl auch der französische Oberbefehlshaber den Rückzug, als der alliierte Angriff von der Obensburg erfolgte. Die französische Führung bemerkte ihren Irrtum zuerst und ließ das Schlachtfeld besetzen, ohne den Feind zu verfolgen. Die Franzosen campierten mehrere Tage im Lager bei Afferde, die Hannoveraner zogen sich über Minden, Nienburg und Verden in das Elbe-Weser-Dreieck zurück. Die Fehleinschätzung Cumberlands führte zu seinem Ersatz durch Herzog Ferdinand, der später die französische Armee vertrieb.

Während der Schlacht war der gesamte rechte Flügel der Hannoveraner nicht eingesetzt worden, Sie beklagten den Verlust von 339 Toten und 953 Verwundeten, die Franzosen den von 1054 Toten und 1277 Verwundeten. Die Schlacht

46

hinterließ das bis auf drei Häuser zerstörte Dorf Hastenbeck, das stark verwüstete Dorf Tündern und eine total ruinierte Feldmark. Den geflohenen Einwohnern beider Dörfer wurde nach Ende der französischen Besetzung durch Sammlungen und Spenden geholfen.

Abb. 16: Denkmal zur Erinnerung an die Schlacht bei Hastenbeck.

An die Schlacht erinnert ein schlichtes Denkmal auf einer Anhöhe am nördlichen Ortsrand von Hastenbeck.

Literatur

Die Kriege Friedrich des Großen, Der Siebenjährige Krieg 1756-1763, Band V Hastenbeck und Roßbach, hrsg. vom Großen Generalstabe, Abteilung für Kriegsgeschichte, Mittler, Berlin 1903
Martin Oppermann: „Die Schlacht von Hastenbeck", in: Zeitschrift der Genealogischen Gesellschaft Hameln, Niemeyer, Hameln 1957

Quellen

Akten des Niedersächsischen Landesarchivs -Hauptstaatsarchiv Hannover-

Einrichtungen und Gebäude in und um Hannover

09

Die Bergwarenhandlung und ihr Speicherhof an der Ihme

Die 1712 gegründete staatliche „Bergwaaren-Factorey" sorgte für den Absatz der Harzer Bergwerks- und Hüttenprodukte. Ausnahme bildeten Gold, Silber und Eisen: Die Edelmetalle wurden im Harz vermünzt, Eisen und Eisenwaren besaßen eine eigene Vertriebsorganisation. Die Verkaufspalette der Bergwarenhandlung umfasste folgende Produkte: Blei in Stücken, Mollen und Rollen-Bleiglätte („Glötte", Bleioxid)-Bleischrot („Hagel")-Grüner Vitriol (Eisensulfat)-Blauer Vitriol (Kupfersulfat)-Weißer Vitriol (Zinksulfat)-Kupfer (verarbeitet zu Gefäßen)-Schwefel-Pottasche-Salpeter-Messing-Schießpulver-Unschlitt (Rindertalg zur Beleuchtung).

Diese Waren wurden per Gespann nach Linden (heute Stadtteil Hannovers), gebracht, dort gelagert und auf Schiffe geladen, welche die Fracht die Ihme und Leine hinab nach Bremen und weiter transportierten.

Abb. 17: Gaswerk und Bergwarenhandlung an der Ihme, Schülerzeichnung um 1860. Historisches Museum Hannover

Der Verwaltung der Bergwarenhandlung unterstanden noch andere Faktoreien an Fabrikationsstandorten unterstellt. Diese waren: die Glashütte in Bremervörde (1763-1789), Messinghütte und Kupferhammer in Oker (1763-1839), eine Sensenfabrik in Herzberg (1768-1776), Glashütte in Osterwald bei Hameln

(1768-1827), die Pulvermühle in Lautenthal (1763-1835), in Reher bei Hameln eine Messinghütte (1763-1845), eine Sensenfabrik in Liebenau (1768-1806), eine Pottaschefabrik und ein Kupferhammer in Uslar (1763-1829).

Der Bergwarenhandlung waren außerdem 19 Faktoreien und Vertretungen in Deutschland und fünf im Ausland unterstellt, die für den Warenvertrieb sorgten.

Die Bergwarenhandlung wurde von Oberkommissären und Kommissären geleitet, weitere Beamte waren ein Kassierer, ein Registrator, ein bis zwei Schreiber, ein bis drei Kopisten und ein Aufseher für den Speicher in Linden.

Der Hannoversche Staatskalender weist (mit Ausnahme der Jahre 1804-1819) folgende Oberkommissäre nach: 1737-1786 Johann Georg Burchardi sen., 1787-1803 Johann Joachim v. Burchardi jun., 1820-1852 Christoph Heinrich Scheele, 1853-1855 Johann August Baring, 1856-1866 Friedrich Wilhelm Wedekind.

Laut Baring (1829), der zuvor Kommissär gewesen war, wurden von 1731 bis 1800 3767362 Taler Überschuss erzielt, von 1801 bis 1813 nochmals 1741130 Taler, von 1813 bis 1829 dagegen nur 180740 Taler. Man finanzierte hiermit unter anderem 1802/06 den Schleusenbau von Neustadt a. Rbge.

Vor 1752 lagerte man die Waren auf dem so genannten Stapel, einem Areal kurz vor dem Zusammenfluss von Leine und Ihme. Die königliche Regierung veranlasste den Umzug zu einem Gelände an der wasserreichen Ihme entgegen der Wünsche der Stadt Hannover, die einen Platz näher zur Stadt bevorzugt hätte. 1753 wurde auf dem Grundstück Nr. 7 an der Blumenauer Straße ein fünfstöckiges Lagerhaus errichtet mit Neben- und Wohngebäuden. Anfangs besorgte ein kleinerer Kran das Laden und Löschen, ab 1821 ein größerer Kran mit fünf Tonnen Kapazität. Für die Benutzung des Krans und einer Waage mussten fremde Schiffer Gebühr entrichten.

1867 wurde der Betrieb aufgelöst. Man vermietete an fremde Unternehmer zu Lagerzwecken (1883 an die Mechanische Weberei Linden) bis zum Abriss wegen Baufälligkeit kurz nach 1900.

Literatur und Quellen

Heide Barmeyer (Hrsg.): „Die Wirtschaft im Kurfürstentum Hannover", in: Hannover und die englische Thronfolge, Verlag für Regionalgeschichte, Hannoversche Schriften zur Regional- und Lokalgeschichte, Bielefeld 2005, S. 31
Burkhard Christian von Spilcker: Historisch-topographisch-statistische Beschreibung der Königlichen Residenzstadt, Hannover 1819
Martin Stöber: „Die königliche Hannoversche Bergwarenhandlung im 18. und frühen 18. Jahrhundert", in: Bergbau und Hüttenwesen im und am Harz, hrsg. von Karl-Heinrich Kaufhold, Hannover 1991
Helmut Zimmermann (Zusammenstellung), Jürgen Schulze (Abbildungen): Die städtischen Häfen in Hannover – Lindener Hafen, Nordhafen; von der Leineschiffahrt zum modernen Binnenhafen, hrsg. von den Städtischen Häfen der Landeshauptstadt Hannover, Hannover 1993
Akten des Niedersächsischen Landesarchivs -Hauptstaatsarchiv Hannover- und des Landesbergarchivs Hannover
Hannoverscher Staatskalender 1737-1867
Adressbücher der Stadt Hannover (Stadtarchiv Hannover)

10

Hannovers alte Brücken

Zahlreiche Brücken überspannten Leine, Ihme, die Nebenarme der Leine und die Befestigungsgräben. Von den Brücken, die zu Beginn meist aus Holz bestanden, gingen viele verloren oder wurden zum Teil bei Umgestaltungen versetzt. Ganz entscheidende Veränderungen traten 1841 bei der Anlage des Friederikenplatzes ein. Nach 1945 führte ein Umgestalten des Bereiches am Leineschloss zum Verlust einiger Brücken.

Es bestanden im Mittelalter folgende Brücken: im 11. Jahrhundert die alten Wasserhofbrücken, ab 1320 die Sommerbrücken zur Leineinsel, 1480 die Kuhbrücke, die Fischerhausbrücken und die Klickmühlenbrücken an der Wasserkunst, ab 1482 die Leintorbrücke, ab 1486 eine Brücke über den westlichen Leinarm zur Danselmarsch, ab 1487 Ihme- und Ohebrücke.

Brücken südlich der Innenstadt

Nach Plänen von vor 1860 wurden im Zuge des Eisenbahnbaus der Linie Hannover-Hameln durch den Eisenbahnpionier Bethel Henry Strousberg (1823-1884) die Leine und Ihme mittels zweier Gitterbrücken überwunden. Während des Baus des Maschsees 1934/35 wurden sie zum Abtransport des Erdaushubs durch eine Feldbahn genutzt. Heute dienen beide Bauwerke als Fußgängerbücken.

Abb. 18: Brücke Königsworther Straße (Kandelaber).

Brücken im Innenstadtbereich

Die Friederiken- und Waterloobrücke: Vor 1767 bestanden an dieser Stelle nur Fußgängerbrücken, dann wurden Steinbrücken über beide Leinearme gebaut. 1841 wurde der Mühlenplatz vor dem Leineschloss umgebaut; es entstand der Friederikenplatz mit der Friederikenbrücke über den östlichen Leinearm und die Waterloobrücke über den westlichen Leinearm. Hierbei wurde der Bau des Ingenieurs Lasius von 1801 ersetzt.

1847 verbreiterte man beide Brücken unter Verwendung von Eisenträgern des Systems von Baurat Laves. 1870 wurde nochmals ein Neubau beider Brücken fällig. Die Brücken besaßen noch einen Bohlenbelag und wurden durch Kandelaber beleuchtet, die von Hannovers erstem Gaswerk, der Imperial Continental Gas Association, beschickt wurden. Die Brücken gingen 1847 an den hannoverschen Staat, dann 1896 wieder an die Stadt für 50000 Reichsmark Ablösesumme. Die Unterhaltungskosten betrugen von 1868 bis 1889 36752 Reichsmark.

1896/98 wurden beide Brücken für 80000 Reichsmark völlig neu erbaut. Die Friederikenbrücke erlitt im Zweiten Weltkrieg starke Schäden und wurde repariert, die Waterloobrücke wird 1951 nach Abtrennung und Verfüllung des westlichen Leinearms abgerissen.

Die Inselbrücken: Vom nächsten Brückenpaar zur einstigen Leineinsel, den Inselbrücken, ist heute noch die Schlossbrücke erhalten. Die Inselbrücken waren 1851 so schadhaft, dass ein Neubau notwendig wurde. Ein Bau in Stein erschien mit 8770 Talern zu teuer, die Baubehörde ließ deshalb durch den Industriellen Georg Egestorff (1802-1868) einen Eisenbau für 1550 Taler ausführen.

Das nächste Brückenpaar flussabwärts, die beiden Sommerbrücken, verbanden den unteren Teil der Leineinsel mit der Bockstraße und der Pferdestraße. Sie wurden 1682 als befahrbare Brücken erbaut, 1818 dann mit Eisenträgern. Als 1860 beide Brücken marode waren, erhielt Georg Egestorff den Zuschlag für eine 3350 Taler teure Eisenkonstruktion, weil er eine Belastbarkeit von 100 Pfund pro Quadratfuß garantierte.

Die Marstallbrücke: 1680 errichtete man eine Holzbrücke zum westlichen Leineufer, die zuerst nach einem nahen Gasthaus Londonschenken-Brücke benannt wurde. 1796 erbaute man zur Regierungszeit Georgs II. für 4000 Taler eine dreibogige Steinbrücke. Auf der Flussoberseite waren bis zum Zweiten Weltkrieg zwei Tafeln mit dem Monogramm Georgs II. angebracht, auf der Flussunterseite zwei Tafeln mit dem königlichen Wappen. 1897 wurde eine Verbreiterung auf 6,4 Meter durchgeführt.

Cavalier- und Goethebrücke: Die Cavalierbrücke als Vorläufer der Goethebrücke wurde 1700 angelegt, man erreichte mit ihr damit das Gefangenenhaus auf der Westseite der Leine. 1871/73 erbaute man an dieser Stelle die Goethebrücke. Den Bau nach Plänen Professor Carl Friedrich Wilhelm Launhardt (1832-1918), dem erster Rektor der Technischen Hochschule Hannover 1880-1886, führte die Hannoversche Baugesellschaft des Ferdinand Wallbrecht zum Rohbaupreis von 57000 Reichsmark aus. Zu Beginn verstieß man gegen Vorschriften des Bauamts, indem man einfach alte Futtermauern überbaute. Noch heute sind die Sandsteingeländer aus Mehler Steinbrüchen (bei Elze) vorhanden.

Abb. 19: Brücke Goethestraße (Goethebrücke).

Die Clevertorbrücke: Hier wurde 1650 eine mehrjochige, klappbare Holzbrücke über den Fluss nach Norden gebaut. Ihr folgte 1781 eine von Ingenieurleutnant Müller erbaute einbogige Steinbrücke.

Westlich der Innenstadt:

Die Ihmebrücke am schwarzen Bären: Die erste Erwähnung geschah in Lohnregistern, die 1487-1497 von Reparaturen durch den Ratszimmerer Hans Baumgarten berichten. Es handelte sich um eine Holzbrücke, ebenso die 1603 für 2160 Taler erbaute Nachfolgerbrücke. Deren Erbauer waren der Zimmermeister Hans Behnsen und der Maurermeister Hans Behre. 1650 wurde hier von Brückengeldzahlung berichtet. Die Brücke ging 1658 durch Eisgang verloren und wurde bis zum Neubau einer Steinbrücke durch ein Provisorium ersetzt. Der Neubau entstand 1695-1700 unter der Leitung des Bauverwalters Sigismund Schmidt zum Preis von 26774 Talern. Man verbaute unter anderem 163 Buchenstämme und 824 Eichenstämme. Die Berichte sprechen vom Einsatz der „Steinbrecherß, Holzhauerß, Handlangerß und commandirten Soldaten". Die Hand- und Spanndienste waren besonders anstrengend für die entfernt wohnenden Bürger der Ämter Springe, Calenberg, Koldingen und Blumenau. Das Werk wurde 48 Meter lang, zehn Meter breit und ruhte auf vier Sandsteinpfeilern.

Später, um 1775, baute man noch zusätzliche hölzerne Fußwege außen an die Brücke. 1808 machte das Absacken eines Strompfeilers durch Unterspülung eine Erneuerung durch den Steinhauer Georg Täntzel und den Zimmermeister Anton Holekamp sehr schwierig. Die Schmuckvasen und Wappen des Baus von 1700 wurden 1855 entfernt und im Schlossbereich von Herrenhausen installiert.

Weitere Neubauten sind für die Jahre 1912 und 1945 belegt sowie weitere in jüngster Zeit – ein Ende ist nicht abzusehen.

Literatur

Arnold Nöldeke: Die Kunstdenkmäler der Provinz Hannover, Heft 2: Stadt Hannover, Teil 1: Denkmäler des „alten" Stadtgebietes Hannover, Hannover 1932, Neudruck: Wenner, Osnabrück 1979. ISBN 3-87898-151-1
Hector Wilhelm Heinrich Mithoff: „Mittelalterliche Lohnregister der Stadt Hannover", in: Zeitschrift des historischen Vereins für Niedersachsen, hrsg. unter Leitung des Vereins-Ausschusses, Hannover 1871

Akten des Niedersächsischen Landesarchivs -Hauptstaatsarchiv Hannover-

Abb. 20: Brückmühle.　　　　　　　　　　Historisches Museum Hannover
siehe Seite 57 ff.

11
Hannovers Flussfischerei

Jahrhunderte lang betrieb man in der Leine den Fischfang, fing in Reusen und Stellnetzen Aale, Barben, Döbel, Plötze, Bleie und Weißfische, Karpfen wurden im Stadtgraben und in Teichen gefangen. Im Mittelalter und der frühen Neuzeit standen die Fische den Honoratioren zu, später wurden die Fischrechte verpachtet. Als Besitzer traten die Landesherrschaft, die Stadt und Private auf, unter anderem das Kloster Marienwerder. Mit Einsetzen der Industrie ging die Fischerei zurück und erlosch um 1900.

Die Zeit vor 1600

Die erste urkundliche Erwähnung der Leinefischerei stammt vom 15. Juni 1360. Hier schenkten die Grafen Ludolph und Ludwig von Wunstorf dem Hospital St. Spiritus unter anderem die Fischereirechte bei dem Dorf Erdere, das im Gebiet des nördlichen Linden lag (an das wüste Dorf erinnert die Erderstraße).

Ab 1440 führten so genannte Fischherren die Aufsicht über die Fischgewässer. Die Fischrechte waren meist an Ratsmitglieder vergeben, so 1512 an den Bürgermeister (1487-1515) Hans Blome jun., der die Karpfenlaichstelle im Stadtgraben erhielt. Die benachteiligten Bürger protestierten heftig, aber ohne Erfolg.

1560 wurde die Flachsrotte im Fluss verboten, weil sie mit ihren Schadstoffen die Fische beeinträchtigte. 1581 ließ der Rat den Fischfang durch Jost Brockmann und Ludolf Holzhusen ausüben. Sie fischten vor dem Steintor, im Stadtgraben und im Judenteich (Jodendick). Die Fischereirechnung des Fischers Heinrich von 1589 belegt den Überschuss von neun Talern und neun Groschen, auch zahlte die Stadt an Meister Jasper Rohrmann acht Groschen Trinkgeld für den Bau eines Fischerbootes.

Um 1590 stritt der Rat mit den herrschaftlichen Vögten der Alt- und Neustadt, Lange und Friedrich Molinus, um die Fischrechte. 1592 übte Heinrich Peters das Amt des Ratsfischers aus. Der Streit zwischen dem hannoverschen Rat und Molinus ging noch weiter, im Jahre 1600 ließ der Rat sogar den Fischer Paul Petersen gefangen setzen, bis sich Molinus Nachfolger Zimmermann für das widerrechtliche Fischen in hannoverschen Gewässern entschuldigt hatte.

Fischerei im 17. und 18. Jahrhundert

Auch nach 1600 wird von unberechtigtem Fischen in der hannoverschen Leine berichtet, so 1609 durch Jasper v. Alten aus Linden. 1637 wurden im Stadtgraben und bei der Klickmühle fünf Störe mit über sieben Zentnern Gesamtgewicht gefangen und an die Ratsherren verteilt. Um die Fischbestände nach dem Dreißigjährigen Krieg zu erhöhen, ließ der Rat 20 Zentner Karpfen im Stadtgraben aussetzen, die von dem Ratsherren Alhard Richter gekauft wurden.

Das Fischregister von 1648/49 verzeichnete einen Überschuss von 25 Talern 4 Groschen.

Bei einem Festessen zur Erbhuldigung von Herzog Herzogs Georg Wilhelm ver-speiste man 27 Pfund Karpfen.

Anscheinend fischten Soldaten unerlaubt, denn 1693 wird Klage geführt, dass Soldatenfrauen Handel mit Fischen trieben. Zahlreiche Fischdiebe wurden „attrappirt" und bestraft, besonders um 1720. Hier musste sogar der Kondukteur Mackensen mit sechs Bewaffneten ausrücken, um Fischdiebe am Herrenhäuser Kanal zu fangen. Hier stand das Fischrecht dem Hofmarschallamt zu.

Eine seit 1637 für das Herzogtum Celle geltende Verordnung, „wonach die Ma-schen der Fisch-Netze so weit seyn sollen, daß man einen Daumen selbiges ste-cken könne, damit das Leich hindurch gehen könne und in denen Wasser bley-ben möge", dehnte Georg II. 1725 „auf alle unseren teutschen Lande" aus. Gleichzeitig verbat er das Fangen von Neunaugen mittels Stackwerk (Pfahlset-zungen), an deren Stelle Senkreusen zu gebrauchen waren. 1761 pachtete der Limmersche Fischer den Herrenhäuser Kanal vom Hofmarschallamt.

Leinefischerei im 19. Jahrhundert

Ab 1800 pachtete Drummond die Fischrechte von der Stadt, gab sie aber 1802 weiter an den Marstallbedienten Vogler. Als Vogler 1848 starb, wurde das Recht meistbietend versteigert. Den Zuschlag erhielt der „Badehalter" Christian Schrader. Schrader pachtete zusätzlich zur Leine den alten Stadtgraben von der Schleuse am Frommeschen Garten bis zum Clevertor von der jetzt zuständigen Behörde, dem Kriegsministerium. Pächter der Leine von der Ihme bis zur Ah-lemer Masch waren: 1848-1893 Böttcher (Limmer) für neun Taler pro Jahr, 1893 Röhrig (Limmer), 1894 Fotograf Malte Niederstadt, 1898 Bäckermeister Schrader für 130 Reichsmark.

Um 1880 bildeten sich die ersten Fischereivereine, die versuchten, den Rück-gang der Fänge zu stoppen. Grund dafür war die zunehmende Einleitung indus-trieller Abwässer in den Fluss. Es kam zu einem völligen Niedergang der Fi-scherei, erst ca. 70 Jahre später erholten sich die Fischbestände.

Literatur

Urkundenbuch der Stadt Hannover, Erster Teil: Vom Ursprunge bis 1369, hrsg. von Carl Ludwig Grotefend und Georg Friedrich Fiedeler, Urkundenbuch des historischen Vereins für Niedersachsen, Hannover 1860, Nachdruck von 1975
Klaus Mlynek, Waldemar R. Röhrbein (Hrsg.): Geschichte der Stadt Hannover, zwei Bde., Bd. 1: Von den Anfängen bis zum Beginn des 19. Jahrhunderts, Bd. 2: Vom Beginn des 19. Jahrhunderts bis in die Gegenwart, Hannover 1992
Der Sportfischer, Heft 133/2. Quartal 2006, Jubiläumsausgabe 100 Jahre Fischereiverein Hannover e.V., Hannover 2006

Quellen

Fischereiberichte der Landwirtschaftskammer Hannover 1891-1909
Akten des Niedersächsischen Landesarchivs -Hauptstaatsarchiv Hannover- (Bestände Dep. 103, Cal. Br. 8, Hann. 10)
Akten des Stadtarchivs Hannover

12
Hannovers letzte Wassermühle

Dort, wo heute der Verkehr auf der Straße am Leibnizufer dahinströmt, befand sich bis nach dem Zweiten Weltkrieg die Brückmühle an dem damals bestehenden westlichen Leinearm. Das Hauptgebäude der Mühle von 1860, nur wenige Meter östlich des Niedersächsischen Landesarchivs gelegen, wäre wohl, wäre es verschont worden, ein Schmuckstück an Werksarchitektur gewesen. In der Mitte des 19. Jahrhunderts pflegte man auch Nutzgebäude repräsentativ zu bauen oder, wie es ein Fabrikherr dieser Zeit ausdrückte, er wolle entweder schön bauen oder überhaupt nicht.

Im Mittelalter bildete die Leine mehrere Nebenarme. Es standen im Laufe der Zeit an der Leine und ihren Nebenarmen insgesamt 17 verschiedene Wassermühlen im Dienst. Etliche davon wurden eingestellt, als Alt- und Neustadt vereinigt wurden. Beim Umbau der Stadtbefestigung 1645 verfüllte man außerdem einige Leinearme. Bestehen blieben die Leineinsel Ottenwerder, der westliche Leinearm und die daran gelegene Brückmühle.

Die erste Erwähnung der Brückmühle geschah 1329, als sie, von Herzog Otto an Siegfried von Roden in Lehen gegeben, zur Hälfte an Ludolph von Knigge ging. Die Familie von Roden blieb jedoch bis 1386 Nutznießer, dann übertrug die Landesherrschaft die Brückmühle der Stadt Hannover zu Gunsten des Heiligen-Geist-Hospitals. Es entwickelte sich ein System aus mehreren Betriebsteilen, indem noch andere Mühlen angebaut wurden, darunter kurz nach 1500 die sog. Flutmühle als weitere Kornmahlmühle und 1572 eine Lederwalkmühle. Die ursprüngliche Brückmühle besaß zuerst zwei Kornmahlgänge und wurde 1587 durch den Rat der Stadt neu erbaut. Die Aufsicht über die städtischen Mühlen wurde von vier so genannten Mühlherren ausgeübt. Weitere städtische Mühlen waren die Klippmühle (Klickmühle) und die Döhrener Wassermühle. Die erhaltenen Baurechnungen von 1596 berichten von der Tätigkeit einiger Böttcher und Rademacher, des Riemenschneiders Bartelt und des Schmiedes Huntermann. 1642-1649 wollte man außer den Mahlgeldern noch 2651 Taler an Nebeneinnahmen gehabt haben. Man musste jedoch einiges Geld abzweigen: Der Mühlenherr und Hauptmann Lorenz Niemeyer berichtete, dass 1642/49 insgesamt 3960 Taler „Servisgelder" an die Obristen Schlüter und Ott Friedrich Herr von Schönberg gezahlt werden mussten. Der besagte Niemeyer hatte dann zusammen mit Johann Duve die Brückmühle und die Klickmühle von 1660 bis 1670 in Pacht. Ein Stein mit Inschrift, der bis nach 1900 an der Flusswasserkunst, davor der Klickmühle, erhalten blieb, erzählt von einer gründlichen Renovierung der Brückmühle durch Hans Bartels und Heinrich Ahlers, wofür 3379 Taler aufgewendet wurden.

Man betrieb im ausgehenden 17. Jahrhundert außer der Kornmahlung noch eine Walkmühle zum Weichmachen von Leder, eine Lohmühle zum Mahlen von Eichenlohe zur Ledergerbung und eine „Bokemühle" zum Flachsstampfen. Ein bestimmter Raum wurde als Weißgerberstube bezeichnet.

Laut Prüfung durch den Mühlenherren Johann Volger gab man 1625 für Materialien und Handwerker, darunter Riemenschneider und „Stollenbinder", 462 Taler aus. Das Mühlenregister von 1696 bis 1699, geführt von Johann Wolfshagen, weist für diese Jahre einen Überschuss von 5859 Talern aus. Die Haupteinnahmen stammten aus dem Mahlen von Roggen, Weizen und Malz, auch aus dem Verkauf von „Schlam". Dieser Ausdruck hielt sich noch bis in das 20. Jahrhundert und bezeichnet ein Abfallprodukt und Futtermittel ähnlich der Kleie.

Im Gegensatz zu den Einnahmen wollte aber der Rat der Stadt 1650-1700 an Erhaltung von Brückmühle und Klickmühle 30000 Taler aufgewendet haben. Um 1690 wurden als Meister Heinrich Büphe und als Knechte Erich Hauenschild und Jobst Sassen genannt. Hauenschild wurde 1698 Nachfolger des Büphe. Man setzte für den Transport der Lasten zwei Pferde ein.

1771 legte ein starkes Leinehochwasser die städtischen Wassermühlen fast lahm. Es durfte fürs Erste nur Roggen geschrotet werden, um wenigstens grobes Schrotbrot backen zu können. Das Bäckeramt stellte dann eine Liste auf, welche Bäcker vier Malter Roggen (ein Malter = 1,87 Hektoliter), später noch zwei Malter Weizen mahlen lassen durften. Dabei wurde angegeben, welcher Mahlgang benützt werden musste.

Man erfährt nun wegen Aktenverlusts wenig über die folgende Zeit. Laut Nöldeke war die Brückmühle 1858 so marode, dass sie 1859-1861 durch Stadtbaumeister Ludwig Droste völlig neu erbaut wurde, wobei eine Gründung auf 600 Pfählen nötig war. Der Bau kostete 124000 Reichsmark. Ab 1832 waren mehrere Generationen der Familie Wahnschaffe an der Brückmühle tätig, nach 1878 der Müller Runge. 1888 wurden vier Jouval-Turbinen installiert, die 13 Mahlgänge antrieben.

Von 1894 an war die Mühle an die Sarstedter Mühlenfirma Ernst Malzfeldt und Söhne verpachtet. Bis nach 1930 wirkte Georg Stier als Müllermeister, er wohnte in der Mühle (Am Archiv 2). Genannt wurden auch die Buchhalter Künne und Wichers. 1935 wurde der Mahlbetrieb eingestellt, und es bestand nur Lagerhaltung der Kolonialwarenfirma Dancker.

Die Brückmühle überstand den Zweiten Weltkrieg, musste aber danach durch Abriss dem Bau einer Autostraße weichen wie mehrere gut erhaltene Bauwerke.

Literatur

Wilhelm Kleeberg: Niedersächsische Mühlengeschichte, Hannover 1979
Arnold Nöldeke: Die Kunstdenkmäler der Provinz Hannover, Heft 2: Stadt Hannover, Teil 1: Denkmäler des „alten" Stadtgebietes Hannover, Hannover 1932, Neudruck: Wenner, Osnabrück 1979. ISBN 3-87898-151-1
Klaus Mlynek, Waldemar R. Röhrbein (Hrsg.): Geschichte der Stadt Hannover, zwei Bde., Bd. 1: Von den Anfängen bis zum Beginn des 19. Jahrhunderts, Bd. 2: Vom Beginn des 19. Jahrhunderts bis in die Gegenwart, Hannover 1992

Quellen

Adressbücher der Stadt Hannover
Hannoversche Geschichtsblätter 1906, 1909 und 1911
Akten des Niedersächsischen Landesarchivs -Hauptstaatsarchiv Hannover- (Bestände Hann. 80 Hannover, Hann. 95) und des Stadtarchivs Hannover

13

Die Maschinen der Herrenhäuser Wasserkunst

Nach einigen Vorläufern ohne großen Erfolg wurde 1720 die Wassermaschine in Betrieb genommen, mit der die Fontänen, Wasserspiele und Gartenanlagen versorgt wurden. Von 1718 bis 1720 war die Anlage auf Anregung von Leibniz mit Hilfe englischer Mechaniker erbaut worden. Diese erste Maschine arbeitete bis 1860, ihr folgte 1863 eine Nachfolgerin aus der Lindener Maschinenbaufirma des Georg Egestorff bis 1956. Seitdem ist eine Elektropumpe im Einsatz; die Egestorffsche Maschine ist aber immer noch funktionstüchtig.

Die Entwicklung vor 1718

1665 begann der Bau des Schlosses Herrenhausen und seiner Gärten, die Anlagen für die Wasserkünste wurden 1674 in Angriff genommen. Unter der Leitung von Cadart entstanden ab 1676 kleinere Fontänen und die Kaskade. Das Wasser führte man durch hölzerne Röhren von einem Reservoir nahe dem Küchengarten und ab 1687 vom Badeborn am Benther Berg heran. An das Reservoir am Küchengarten erinnert der Name der heutigen Teichstraße. Vom Benther Berg führte die Leitung entlang der Fösse zur Leinebrücke bei Limmer. Die Holzrohre, durchbohrte glatte Baumstämme, waren schlecht miteinander zu verbinden und verloren ständig Wasser. Man ging zu Bleirohren über: 1705 goss der Zinngießermeister Dieterich 702 Rohre zum Preis von 3197 Talern. Aber auch hier trat Wasserverlust ein und die Fontänen sprangen oft nicht. Genannter Cadart musste wegen Erfolglosigkeit gehen. Auch seine Nachfolger, de Münter und Pierre Denis hatten ab 1690 wenig Glück, verbrauchten aber viel Geld. 1700 berichtet der Hofbauschreiber Brant Westermann über die Anlegung von Bassins, die 16611 Taler für Material (Steine aus Barsinghausen, Tonerde, Bleirohre), Transport und Lohn kosteten.

Von 1718 bis 1862

a) Die Wassermaschine

Anregungen von Leibniz waren schon 1696 eingegangen, und die Fontänen waren um 1715 durch Pierre La Croix fertiggestellt worden, aber es mangelte am Wasserdruck. Aufgrund einer Dienstreise des Maschinendirektors Ripking nach England empfahl sich die Wassermaschine des Benson in Shaftsbury. Lange-Kothe wies nach, dass der eigentliche Erfinder der Geistliche Holland war und Benson die Maschine als sein Werk ausgab.

Von 1718 an begann der Bau einer Stauschleuse durch die Leine. Es entstand ein Gefälle von drei Metern zum Antrieb der Maschine, dazu ein Schifffahrtskanal mit einer Schleuse.

Das Prinzip der Wassermaschine des Holland war, dass fünf unterschlächtige Wasserräder jeweils acht Tauchkolbenpumpen antrieben. Die Wasserräder hatten einen Durchmesser von 8,47 Metern, eine Breite von 3,44 Metern und besaßen je 45 Schaufeln. Über Kehrschlösser wurde die Bewegung der Radwellen auf die Pumpen umgeleitet. Der Aufbau der Maschine wurde von dem englischen Mechaniker Andrews überwacht. Seine Assistenten, Joseph Cleeves und dessen Sohn John, blieben als Kunstmeister in Herrenhausen.

Nach anfänglichen Schwierigkeiten konnte man die Leistung des Systems mit Hilfe des Zellerfelder Maschinendirektors Johann Justus Bartels (-1721) so verbessern, dass die große Fontäne eine Springhöhe von 35 Metern erreichte. Die ersten drei Wasserräder versorgten die große Fontäne, die Graft und einige Teiche, die beiden anderen Wasserräder über zwei Reservoirs auf einer Anhöhe neben dem Berggarten die Orangerie und die Gärten. Die Baukosten von 1718/20 sollen 200000 Taler überstiegen haben. Die Wassermaschine diente bis zu ihrem Verfall um 1860.

b) Das Personal und seine Aufgaben

Mir Vergrößerung der Anlagen änderten sich die Ränge und Aufgaben der Beamten. Einzelne Ränge verblieben über mehrere Generationen in der Familie. Die Hofbaukonducteure waren den Maschinenverwaltern, Maschineninspektoren und Maschinenvorständen übergeordnet. Unter dieser Stufe rangierten Kunstmeister, Fontänenvögte und Fontainiers, darunter Maschinenschmiede und Maschinenzimmerer.

Die Aufgaben waren durch Reglements vorgegeben. Bei Schmieden und Zimmerern überschnitten sich manche Aufgaben, besonders in Notfällen wie Hochwasser, Eisschäden und dringenden Reparaturen. Die Kunstmeister unternahmen Dienstreisen, auch nach Holland, England und Dänemark (1747, 1776), um sich zu informieren. Während der französischen Besatzung 1806-1813 wurde mächtig geknausert, und die Bedienten mussten lange auf ihr Geld warten. Die Akten berichten von „jammervollen Zeiten an der Wasserkunst".

Kunstmeister, Schmiede und Zimmerer hatten Dienstwohnungen mit Gärten, Ställen und Obstbäumen zur Verfügung, dazu kam ein Deputat an Brennstoff. An jährlichen Gehältern bekamen um 1830 höhere Ränge wie Maschinenverwalter 400 Taler, mittlere Ränge wie Kunstmeister 250 bis 300 Taler, die Schmiede und Zimmerer 150 bis 200 Taler.

Für die groben Arbeiten beschäftigte man Tagelöhner. Deren Arbeitszeit dauerte von sechs Uhr morgens bis 17.30 Uhr mit drei Stunden Pause. Sie erhielten um 1850 täglich sechs Gutegroschen. Standen dringende Arbeiten an, wie zum Beispiel das Enteisen der Stauschleuse, so musste man Sonn- und Feiertagsarbeit leisten, was acht Gutegroschen erbrachte.

c) Betrieb und Ereignisse

Es standen laufend Reparaturen an. Dauernd sank der Wasserdruck durch defekte Rohre und Verbindungen, sodass die Fontänen wenig oder gar nicht sprangen. Durchschnittliche Reparaturkosten: 1730/80 1200-2000 Taler, 1837/51 500-700 Taler bei kleinen Schäden, aber dazu 1700 Taler bei großen Schäden.

Was die große Fontäne betrifft, so sind ab 1847 die Anweisungen des Hofmarschallamtes an den Hofbaumeister Schuster und den Maschineninspektor Auhagen für die Dauer des Springens bekannt. So begann man jeweils ab dem zweiten Pfingsttag am Mittwoch und Sonntag von 15 bis 17 Uhr. Die Saison schloss

Ende September, bei warmem Wetter auch Ende Oktober. Mit geringen Abweichungen blieb diese Regelung bis in unsere Tage erhalten.

Hochwasser der Leine verhinderte das Springen, weil dann die Höhendifferenz nicht ausreichte, ebenso kam es bei Verschlammung von Rohren und Reservoirs zum Stillstand. Solche Pannen traten vorzugsweise bei Erscheinen hoher Personen auf, unter anderem beim Besuch König Georg V. am 12. September 1844. Da nutzte es auch nicht, den Druck aller fünf Wasserräder einzusetzen.

Auch an den Wasserrädern mussten oft Teile erneuerte werden. So kaufte man unter anderem bei der Forstinspektion Misburg einen glatten Eichenstamm von 40 Fuß Länge und 36 Zoll Durchmesser zum Ersatz einer Radwelle.

Ab 1856 begann die Auswechslung der maroden Bleirohre gegen Gusseisenrohre. Da Blei gerade zu Kriegszwecken begehrt war, erzielte man einen Gewinn von 17920 Talern. Für die Lieferung der Eisenrohre gingen folgende Angebote ein. 1. Gießerei Wellenkamp, Lüneburg = 27982 Taler, 2. Maschinenfabrik Linden Georg Egestorff 28633 Taler, 3. Carlshütte Delligsen = 27133 Taler, 4. Staatliche Altenau-Lerbacher Eisenhütte = 29132 Taler.

Die Firma Egestorff bekam den Zuschlag, wohl wegen der Nähe des Unternehmens.

Abb. 21: Maschinenhaus der Wasserkunst 2010.

Die neue Wassermaschine der Firma Egestorff

Der Neubau nach Plänen des Baurats Hagen begann 1861 und endete 1863. Die Leitung hatten die genannten Schuster und Auhagen. Der Neubau ersetzte drei alte Wasserräder, zwei taten noch Hilfsdienste. Die genehmigte Geldsumme von

61

57700 Talern wurde sogar um 1610 Taler unterschritten. Der Hauptposten, die neue Wassermaschine, kostete davon 30832 Taler.

Die Wirkungsweise war folgende: Zwei getrennte unterschlächtige Wasserräder von 3,4 Metern Breite und 8,0 Metern Durchmesser trieben über Welle und Kurbelstangen zwei Pumpen mit 1,4 Metern Hub und 186 PS (= 136 Kilowatt) Leistung an. Bei gleichzeitigem Betrieb beider Räder konnten pro Stunde 400 Kubikmeter Wasser befördert werden, was die große Fontäne auf 67 Meter Höhe trieb. Der Wasserverlust hatte sich unterdessen durch die neuen Rohre auf 5,4 Prozent verringert. Eine Heizung, 1864 erbaut, verhinderte das Einfrieren der Pumpen.

Außer Fontänen und Gärten versorgte die Wasserkunst noch den Bahnhof Hainholz, das Welfenschloss (heute Universität), den Welfengarten und den Georgengarten mit Wasser.

1956 ersetzte eine Elektropumpe die alte Egestorffsche Anlage. Diese wird noch zu Vorführzwecken genutzt. Wie robust die alte Maschine von 1863 noch ist, zeigt sich nach den jährlichen Hochwassern, bei denen sie fast völlig von Wasser bedeckt ist. Nur eine Säuberung und Ölung ist nötig, und sie funktioniert wie 1863.

Literatur

Irmgard Lange-Kothe: „Die Wasserkunst in Herrenhausen", in: Hannoversche Geschichtsblätter, Neue Folge, Hannover 1959, S. 119 ff.
Paul Schutte: „Die Wasserversorgung der Stadt Hannover – Eine geschichtliche Einleitung", in: Hanomag-Nachrichten, Jg. 1916, Heft 2, S. 23 ff.

Quellen

Akten des Niedersächsischen Landesarchivs -Hauptstaatsarchiv Hannover- (Dep. 103 Nr. 856-923, 5446-5717)

14

Der Historische Tiergarten Hannover

Heute ist der Tiergarten ein Schutzbezirk für Damwild und Erholungsstätte für die Bevölkerung. Ursprünglich war er Jagdgebiet des Adels. 1679 gegründet, wurde ab 1799 dem gewöhnlichen Volk der Zutritt unter Auflagen gewährt. 1903 ging der Tiergarten in die Hände der Stadt Hannover über.

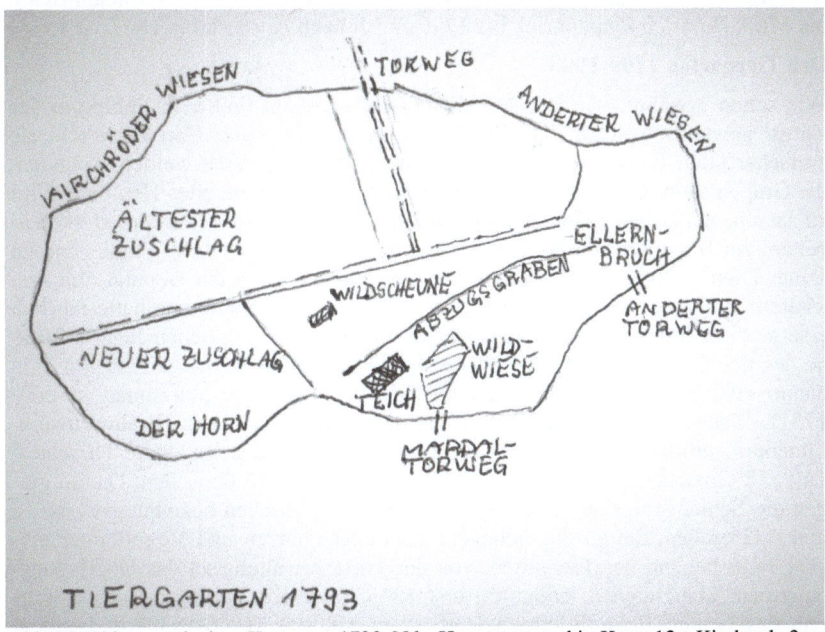

Abb. 22: Skizze nach einer Karte von 1793. Nds. Hauptstaatsarchiv Karte 12 c Kirchrode 2pg

Der Tiergarten von 1679 bis 1799

Die ältesten Berichte stammen von 1679, als Herzog Johann Friedrich ein Areal von 300 hannoverschen Morgen (ein hannoverscher Morgen = 0,26 Hektar) als Gehege „befriedigen" (einzäunen) lässt. Nach Erweiterungen mit drei Zuschlägen umfasste das Gelände im Jahre 1793 372 Morgen Wald und Wiesen. Der Tiergarten unterstand der Verwaltung des Amtes Koldingen. Dieses lieferte auch das Holz für die Umzäunung. Weitere Kenntnisse aus der Zeit vor 1740 sind nur spärlich überliefert, da 1740 das Schloss und Amtshaus Koldingen mit allen Akten verbrannte. So weiß man nur, dass die noch heute bestehende Wildscheune von 1751 einen Vorläufer mit Strohdach hatte, von dessen Reparaturen 1734 und 1740 berichtet wird. 1740 legte man einen Teich an, 1756 dann den großen Hauptgraben zur Entwässerung des feuchten Geländes. Um diese Zeit scheint der Tiergarten von einem Graben begrenzt gewesen zu sein, denn 1765 war dieser zugefallen, und die Kirchröder Bauern hatten ihr Vieh zum Weiden in den Tiergarten getrieben. Auch die Umzäunung war dauernd schadhaft, es wurde oft von Reparaturen des „Stakits" berichtet, und die Kirchröder Bauern mussten dafür „Zaunwasen" (Zweige) anfahren.

Ab ca. 1765 wurde die Verwaltung von der Forstinspektion Misburg ausgeübt, deren Leiter damals Oberförster/Forstinspektor Franz Anton Cropp war. Die Förster des Tiergartens hatten vor 1799 noch kein Forsthaus, sondern wohnten im Forsthaus am Kirchröder Turm. Von 1679 bis 1799 sind folgende Förster bekannt: Hans Uhle bis 1682, Jürgen Heiser, Johann Hofmeister bis 1736, Gottfried Mellinger, Johann Levecke bis 1756, Johann Busse bis 1763, Johann Bente bis 1763, Heinrich Piepenbrink bis 1796 und Johann Ahrbeck bis 1807.

Der Tiergarten 1799-1903

Wie schon erwähnt, wurde 1799 ein Forsthaus erbaut und dem Publikum der Zutritt gewährt. Von 1807 bis 1817 war der Gehegereiter Carl Berkefeld als Aufseher tätig. Ihm wurde auferlegt, keine Pferde oder Vieh weiden zu lassen, die Gräben sauber zu halten, Zäune und Tore zu reparieren, alles Heu dem Wild zu lassen, außerdem keine Krugnahrung (Ausschank) zu betreiben. Berkefeld bekam zur französischen Besatzungszeit an Gehalt jährlich 1000 Francs und zu seiner Dienstwohnung mit Garten und Obstbäumen noch ein Deputat von drei Maltern Roggen (5,61 Hektoliter). Der Aufseher des Tiergartens hatte jährlich eine gewisse Stückzahl Wild zu schießen und an den Königlichen Jägerhof (nahe des heutigen Königsworther Platzes) zu liefern. Die zu dieser Zeit von dem hannoverischen Oberjägermeister Olivier von Beaulieu-Marconnay (1660-1751), Schwager der Eleonore d'Olbreuse, Herzogin von Braunschweig-Lüneburg, erlassene Wildtaxe setzte folgende Preise fest: jagdbare Hirsche 6 Taler 18 Groschen, Rehe 2 Taler 24 Groschen, Hasen 16 Groschen. Davon gingen die Schießgelder ab in Höhe von 1 Taler 18 Groschen beziehungsweise 12 und 4 Groschen, die an die Gehegereiter, Federschützen und Vogelfänger gingen. 1816 begann der Tiergarten, von der Forstverwaltung an das Oberjagddepartement überzugehen, endgültig erst 1818 mit einer Verfügung des Königs und des Grafen Ernst Friedrich Herbert zu Münster (1766-1839) in London. Nachfolger des Berkefeld von 1817 bis 1835 der Gehegereiter Christian Brandes, der jährlich 130 Taler erhielt. In seine Zeit fielen umfangreiche Baumaßnahmen an Forsthaus und Wildscheune an, auch wurden zahlreiche Pflanzungen durch den Gartenmeister Schomburg angelegt. Brandes wurde 1823 wegen Verkaufs selbstgebrauten Bieres bestraft. Zusammen mit dem Hofjäger Toppius besorgte Brandes regelmäßig den Abschuss des überzähligen Wildes.

Einnahmen und Ausgaben 1820-1840: Das Register belegt eine Gesamtausgabe von 23985 Talern, der nur eine Einnahme von 10035 Talern gegenüberstand. Die Einnahmen setzten sich aus dem Erlös verkauften Wildes und Holzes zusammen. Wildbret ging beispielsweise als Deputat an privilegierte Personen. Das Holz wurde einmalig im Jahr versteigert und ging an die Einwohner der umliegenden Orte, zumeist an Kirchrode. Zu den Ausgaben gehörten die Kosten für Bauten, die 1820 und 1825 besonders hoch ausfielen. Der Anteil der Wildfütterung machte ca. 30 Prozent aus und bewegte sich zwischen 150 und 250 Talern pro Jahr. Weitere Ausgaben bezogen sich auf Pflege von Bäumen und Gräben, auch von „Lustanlagen", womit Arbeiten an Büschen, Hecken und Wegen für die Besucher gemeint waren. In den Ausgaben waren nur die Gelder der Handwerker und Tagelöhner enthalten, nicht einmal das Gehalt des Aufsehers. Das Oberjagddepartement zahlte jährlich 50 bis 200 Taler Zuschuss an die Gemeinde Kirchrode für die Erhaltung des Weges vom Kirchröder Turm zum Tiergarten.

Abb. 23: Wildscheune im Tiergarten.

Der nächste Aufseher des Tiergartens war von 1835 bis 1865 der Gehegereiter Friedrich Ebeling. In seine Amtszeit fiel 1839 die Bepflanzung von vier Morgen Blöße mit 2228 Eichheistern. Ebeling betrieb einen genehmigten Ausschank, daneben aber ungenehmigte musikalische Vergnügungen. Als er 1858 deswegen verwarnt wurde, entschuldigte er sich damit, dass nur ein Harfenist aus Hildesheim spielte und manchmal Musiker des Gardejägerbataillons. Die Musikdarbietungen wurden dann wohl geduldet. Ebeling wandte sich sogar 1851 an das Oberjagddepartement mit der Bitte, auf die Eisenbahndirektion einzuwirken, dass die Züge am Haltepunkt an der Strecke Hannover-Lehrte, der 1843 eingerichtet worden war, auch regelmäßig anhielten. Ebeling waren wohl die Gäste zu wenig geworden. Durch Fürsprache erhielt er 1863 zu seinem 50-jährigen Arbeitsjubiläum den Ehrentitel „Wildmeister" verliehen und ging dann mit 560 Talern jährlich in Pension.

1856-1867 wurde kostenloses Brennholz an 12 bis 17 bedürftige Personen abgegeben. Hochgestellte Personen übten Einzeljagden im Tiergarten aus, unter anderem der Generalpostdirektor Heinrich von Stephan (1831-1897) und Prinz Friedrich Carl von Preußen (1828-1885). Ein Gedenkstein im Nordwesten des

Parks erinnert an die Erlegung seines ersten Hirschs im Oktober 1858 durch Kronprinz Ernst August von Hannover (1845-1923).

Auf Ebeling folgte 1865-1885 der Gehegereiter Schuster. Zu Beginn seiner Dienstzeit belief sich der Wildbestand auf 14 Schaufelhirsche, 15 Mittelhirsche und 172 Rehe. 1866 ging der Bestand nach dem Einmarsch der Preußen auf 25 Tiere zurück. Bis 1903 wirkte dann noch der Hofjäger und Wildmeister Delion. 1903 verkaufte der Staat den Tiergarten an die Stadt Hannover für 520000 Reichsmark.

Quellen

Akten des Niedersächsischen Landesarchivs -Hauptstaatsarchiv Hannover- (Bestand Hann. 78)
Akten des Stadtarchivs Hannover

Abb. 24: Das Königliche Zellengefängnis, wie es ursprünglich hieß, hier auf einem Foto von 1870, wurde in den Jahren 1865-1875 unter der Leitung des Interims-Baurats Eduard Schuster als roter Backsteinbau in derben Formen und in panoptischer Bauart ausgeführt, das heißt, die Zellenflügel wurden sternförmig angeordnet. Das Gebäude mit einem Eingangsbau, Verwaltungs- und drei Zellenflügeln für 274 Männer und 17 Frauen mit Kirche, Schule und Krankenstation für 13 Betten wurde an der Leonhardtstraße (ehemalige Heinrichstraße)/Alte Celler Heerstraße hinter dem Bahnhof begonnen. Damals gab es die Lister Vorstadt noch nicht. Dort befanden sich noch Kornfelder. 1870 präsentierte sich das Gebäude bereits formvollendet, aber erst in den neunziger Jahren des 19. Jahrhunderts waren die Baumaßnahmen endgültig abgeschlossen. So ist es jedenfalls auf einem Lageplan in einem handgeschriebenen Büchlein über das Königliche Gerichtsgefängnis zu Hannover festgehalten. Historisches Museum Hannover (Informationen von Matthias Blazek)

(zum Kapitel 15)

15
Gefängnisse und Richtstätten in Hannover

Straftaten fanden schon seit Kain und Abel statt, die Strafen ebenfalls. in Hannover und Umgebung waren seit dem 14. Jahrhundert die Landesherrschaft mit dem Vogteigericht und das städtische Gericht für das Ahnden von Straftaten zuständig. Das Vogteigericht hatte die hohe oder Blutgerichtsbarkeit inne, das Stadtgericht die Niedergerichtsbarkeit für geringe Straftaten, und das auch nur im direkten Stadtgebiet. Die Praxis entwickelte sich aber derart, dass die Stadt mit Hilfe ihrer Beigeordneten das Sagen bekam.

Das Nebeneinander beider Gerichte hatte die Folge, dass verschiedene Gefängnisse bestanden. Nach dem Ende des Königreichs Hannover 1866 ging die Gerichtsbarkeit an die Justizverwaltung der Provinz Hannover.

Abb. 25: Streckbank im Historischen Museum Hannover.

Urteile und Vollzug

Geringe Vergehen wurden durch das Wachgericht geahndet, welches Geldbußen und Leibesstrafen wie das Stäupen, das heißt, die Züchtigung mit Ruten am Schandpfahl (Pranger) anordnete. Die nächste Stufe der Bestrafung war der Stadtverweis, der früher wegen der vielfältigen Ortsgebundenheit erhebliche Nachteile für den Übeltäter hatte. Ging es um mehrfachen Diebstahl oder Mord, so war das Blut- oder Halsgericht des Landesherrn zuständig.

Es war im Königreich Hannover relativ lange, und zwar bis durch die von König Georg IV. erlassene Spezial-Verordnung vom 25. März 1822, vollkommen legal, Geständnisse durch die „peinliche Befragung", also durch Folter zu erzwingen. Die Beschreibung der dazugehörenden Methoden wollen wir uns ersparen.

War das Hohe Gericht, dem der Vogt vorstand und in das die Stadt Beigeordnete entsandte, zum Urteil gekommen, dann wurden je nach Schwere der Tat folgende Todesarten wirksam: Hängen, Rädern, Enthauptung mit dem Schwert, Erschlagen mit dem Rad (später mit eisernen Keulen), Verbrennen oder Ertränken. Dabei galt das „Dekollieren" mit dem Schwert noch als ehrenvollste Todesart, zu der mancher Delinquent „begnadigt" wurde.

Eine steigende Anzahl von Todesurteilen im 15. und 16. Jahrhundert betraf Frauen, die unter Tortur Zauberei zugaben und verbrannt wurden. Diese Urteile fanden erst 1648 ein Ende. Frauen wurden oft wegen Kindesmord verurteilt, wobei die sozialen Umstände, die zur tat führten, nie berücksichtigt wurden.

Als bekanntes Beispiel für die Ahndung schwerer Verbrechen kann die Hinrichtung des Jasper Hanebuth aus Groß Buchholz 1653 genannt werden, der für 19 nachgewiesene Morde gerädert wurde und bei der Gerichtverhandlung keine Reue zeigte.

Auch später waren die Zeiten nicht sicherer. So wurden 1737 die Mitglieder der Hohnsteinschen, 1754 die der Barbisschen Räuberbande und 1770 die der Scharzfelder Zigeuner- und Räuberbande, zusammen 14 Männer und Frauen, auf der hannoverschen Richtstätte vom Leben zum Tode befördert. Von 1715 bis 1770 verurteilte man hier ca. 50 Angeklagte. Nach der Exekution kamen einige Körper zur Anatomie für Lehrzwecke, die meisten wurden verbrannt und begraben.

Wie es vor der Exekution zuging, schildert ein Zeitzeuge des Jahres 1717: Der Angeklagte Hans Heinrich Thüer war wegen Diebstählen in Kirchen in Hannover inhaftiert und vom Vogteigericht zum Tod am Strange „condemniert" (verurteilt) worden. Während der Verhandlung am frühen Morgen hatten sich schon die männlichen Einwohner der Ämter Hannover und Langenhagen bei Strafandrohung mit Gewehren am Richtplatz einfinden und aufstellen müssen. Die Vögte von Bothfeld und Langenhagen zogen mit 30 Bewaffneten vor das Steintor. Um acht Uhr kamen die hannoverschen Bürgersoldaten mit dem Todeskandidaten aus dem Tor, voran der Bürgermeister Tappe und der Kammerrat Kumme. Am Richtplatz angekommen, öffnete sich der Kreis der Anwesenden und schloss sich nach dem Passieren der Angekommenen. Der Geistliche gab den letzten Segen, und das Urteil wurde vollstreckt.

Bei Exekutionen in der Stadt kam es oft zu Volksaufläufen, und es musste Militär eingesetzt werden.

Die Scharfrichter

Nach Ausschreibung stellte der Landesherr den erwählten Scharfrichter, auch Nachrichter genannt, lebenslang an. Die Bewerber mussten den Nachweis über ihre Befähigung und Leistungen, auch für die Ausübung der Tortur, schriftlich erbringen, auch mussten sie bei der Anstellung eine gewisse Kaution hinterlegen. Allein das Scharfrichteramt ernährte seinen Mann nicht. Deshalb wurde ihm ein Gewerbe zugestanden, das nicht angesehen, aber notwendig war, das des Abdeckers. Noch bis 1834 befand sich die städtische Abdeckerei innerhalb der Stadtmauern am Wulfshorn und verbreitete seine üblen Gerüche. Erst dann erreichten die Proteste der Bürger, dass der Betrieb zum Postkamp und später zum Lister Feld verlegt wurde; beide Plätze lagen damals noch auf unbebautem Land vor der Stadt.

Abb. 26: „Der Tisch des Henkers". Nach einer Zeichnung von M. Wiegand, aus der Sonderbeilage zum „Buch für Alle", 58. Jahrgang, 1927. Repro: Blazek

Die Instruktionsregeln für die Scharfrichter zur Ausübung der Enthauptung umfassten 1845 noch 15 Vorschriften, beispielsweise für die Fesselung, die Art und Maße des Richtstuhls, selbst wie der Scharfrichter die Füße zu stellen und wie er den Hieb auszuführen hatte. Das Richtschwert hatte vier Fuß lang und vier Zoll breit zu sein und musste fünf Pfund schwer sein.

Die Scharfrichter waren ab 1700 für Stadt und Amt Hannover zuständig außerdem für die umliegenden Ämter Calenberg, Koldingen, Ricklingen und Langenhagen, es wurden hier aber auch weit weg liegende Straftaten abgeurteilt, zum Teil weil sie besser zu überwachen waren. Bereits vor 1600 sind die hier tätigen Scharfrichter bekannt:

ab ... Asmuth Smeth, ab ... M. Christopher der alte Scharfrichter, ab 1608 Dietrich Meisner, ab 1628 David Fuchs, ab 1634 Martin Voigt, ab 1663 Franz Martin Voigt, ab 1684 David Henrich Voigts, ab ... Franz Melchior Voigt, ab 1728 Johann Andreas Voigt, ab 1729 Johann Wilhelm Göpel, ab 1738 Johann Andreas Pfeffer, ab 1771 Johann Andreas Christoph Meisner, ab 1789 Johann Andreas Rentzhausen aus Hameln, ab 1818 Johann Hartmann aus Neustadt a. Rbge., ab

1831 Johann Voß aus Celle, ab 1844 Christian Schwarz aus Groß Rhüden (jetzt Landkreis Goslar).

Abb. 27: Scharfrichter Christian Schwarz aus Groß Rhüden. Foto: Dietrich Alsdorf, Abdruck bei Matthias Blazek, Scharfrichter in Preußen, 2010

Die den Scharfrichter unterstellten Gesellen nannte man Halbmeister.

Die Bezahlung

1712 setzte Herzog Georg I. (1660-1727) die Tarife fest: für Enthauptung 1 Taler 24 Mariengroschen, für Hängen 1 Taler. Schon bald stiegen die Gebühren. 1728 erhielt der Nachrichter Pfeffer für das Erhängen der Hanna Ziller 15 Taler und 1737 erhielt Nachrichter Göpel dagegen für eine Enthauptung 9 Taler und 12 Groschen.

Auch erhielten die Scharfrichter und ihre Helfer Zehrgelder, Reisekosten, Gebühren für das Schleifen des Schwertes und für das Abnehmen der Körper vom Galgen. Vorgenanntem Göpel warf man 1745 anlässlich einer Exekution vor, dass seine Helfer in Trunkenheit Streit begonnen hätten. 1856 versuchte das Gericht zu beweisen, dass dem Scharfrichter Schwarz eine Enthauptung misslungen war; es kam zu einer Untersuchung in der Anatomie. (Schwarz hatte am 4. April 1856 vor Celle den Schneider und Kötner Johann Heinrich Müller aus Lüder geköpft.)

Die Straf- und Richtstätten

Die Richtstätte Hannovers, der so genannte Steinerne Galgen, lag vor dem Steintor auf damals freiem Gelände, etwa an der heutigen Hagenstraße. Da dies Boden des Amts Langenhagen war, waren bei jedem Anlass Verhandlungen zwischen der Stadt und Langenhagen notwendig. Auf diesem Richtplatz wurde gehenkt, enthauptet und gerädert. Belege hierfür sind für das 17. und 18. Jahrhundert und für das 19. Jahrhundert bis 1860 vorhanden. Der Steinerne Galgen

70

bestand aus Mauerwerk mit Eichenbalken. Wegen Verwitterung waren oft Reparaturen, auch Neubauten, fällig, wie 1630, nachdem wegen des Streits der Stadt mit dem Vogteigericht um die Gerichtsbarkeit etliche Jahre keine Hinrichtungen stattfanden. Auch 1737 war eine Erneuerung nötig, auf der auch Räderpfähle gesetzt wurden. Der Neubau von 1755 kostete dann den Magistrat ein Fass Bier für die Zimmerleute.

Auch innerhalb der Stadt fanden Bestrafungen statt. Auf dem Markt der Altstadt, an der Marktkirche und am Neustädter Markt standen um 1735 Schandpfähle (Pranger), wo es auch manchmal Enthauptungen gab. Soldaten wurden auf dem Holzmarkt tagelang auf blechbeschlagene Holzpferde gesetzt (1740) oder gehenkt (1767-1773).

Außerhalb Hannovers sind Richtplätze am Nordausgang des ehemaligen Dorfes Vahrenwald und in Thiedenwiese bei Pattensen bekannt. Das adlige Gericht Bennigsen besaß Strafpfähle am Gutshof Bennigsen und in Arnum, ein weiterer befand sich im adligen Gericht Rössing. Diese und andere adlige Gerichte (unter anderem Bredenbeck) wurden 1821 aufgehoben.

Die Gefängnisse

a) Das landesherrliche oder Amtsgefängnis am Clevertor

Es befand sich auf der Westseite der Leine gegenüber dem Marstall, also im Winkel zwischen Leibnizufer und Goethestraße und wurde 1735/38 erbaut. Man verwendete Rauhstein vom Lindener Berg, Kalk von Völksen und Sandsteinquader aus Barsinghausen. Die Transporte der Materialien wurden durch Hand- und Spanndienste der Bewohner von 24 umliegenden Ämtern bis hinter Hameln ausgeführt. Der Bau bestand aus vier Flügeln um einen rechteckigen Innenhof, zur Leine eingeschossig mit hohem Souterrain, zur Rückseite zweigeschossig. Man verwahrte maximal 40 Häftlinge, die schweren Fälle im Kellergeschoss. Um 1830 saßen hier auch acht bis zehn städtische Gefangene unter der Aufsicht des Stadtsergeanten Thies. Außerdem gehörten noch zwei Wärter und drei Schildwachen zur Aufsicht. Für Nahrung und andere Bedürfnisse zahlte die Stadt täglich drei Groschen. Um 1870 war der Bau so heruntergekommen, dass ein Neubau, nämlich das Zellengefängnis, fällig wurde.

b) Das Stadtgefängnis im Alten Rathaus

Vor 1820 verwahrte man Arrestanten im Gefängnis unter dem Rathaus, danach in einem Anbau des Rathauses. Von 1736 bis 1866 sind die Namen von 24 Wärtern bekannt. Obwohl vorzugsweise pensionierte Soldaten als Wärter angestellt waren, kam es vor, dass Gefangene entwichen, durch mangelnde Vorsicht oder Vorsatz der Wärter. So ließ 1849 der Wärter Ahrens die Inhaftierte Beplat entwischen. Es kam auch vor, dass Wärter weibliche Gefangene missbrauchten. An Löhnen ist bekannt, dass um 1800 an Wärter jährlich 22 Taler, dazu 12 Taler für Wohnung und drei Taler für Brennstoff bezahlt wurden. Die Gefangenen wurden mit Spinnen von Flachs zu Garn beschäftigt. Sie durften keine Rasiermesser haben, sondern wurden gegen Gebühr rasiert. Die Gefangenen erhielten im Jahre 1847 pro Tag 5/4 Pfund Brot, Kaffee, zum Mittag fettes Gemüse, Wasser und etwas Branntwein, wogegen dann der Mäßigkeitsverein protestierte. Als 1847 Typhus ausbrach, stellte der Stadtphysikus Medizinalrat Dr. Leo Gottlob Hahn (1807-1887) bei seiner Untersuchung fest, dass das Schlafstroh am Boden feucht gewesen sei. Die Wände waren dünn, denn Bauinspektor Spies beklagte sich über Unruhe, Klopfen und Rufen. Nachts wurden um 1850 städtische Soldaten als Wachen eingesetzt.

c) Das Städtische Arbeitshaus

Hier wurden leichtere Fälle mit Spinnarbeit abgebüßt. Das Arbeitshaus war 1758 durch Bürgermeister Christian Ulrich Grupen (1692-1767) gegründet worden und im Gebäude einer früheren Barchentfabrik untergebracht, es bestand bis zu seinem Abriss 1853. Die nur mäßig durch Stadtsoldaten bewachten Gefangenen erhielten täglich 1 ½ Pfund „ungebeuteltes Rockenbrodt zur Atzung".

d) Das Zellengefängnis

Wegen großen Bedarfs an brauchbarem Raum begann man 1865 nach Plänen des Baurats Schuster mit dem Bau eines Zellengefängnisses für anfangs 100 Männer und 50 Frauen auf dem noch fast unbebautem Gelände des Steintorfeldes nördlich vom Hauptbahnhof. Das dreigeschossige Gebäude wurde kreuzförmig in rotem Sandstein erbaut, die Zellen besaßen das Maß von 3,8 x 2,3 x 2,9 Metern in drei der vier Flügel, im vierten Flügel befanden sich Kirche, Schule und Krankenstation. Es kamen dicht dabei Justizgebäude und ein Ergänzungsgefängnis hinzu. Der Gefängniskomplex bestand trotz schlechtem Zustand noch bis nach dem Ende des Zweiten Weltkriegs. Zeitgenossen kennen es noch unter dem Namen „Cafe Leonhardt", wie die gleichnamige Straße, benannt nach einem Justizminister um 1880.

Literatur

Matthias Blazek: Scharfrichter in Preußen und im Deutschen Reich 1866-1945 – Biographisches von deutschen Scharfrichtern und Einblicke in ihre Arbeit im Spiegel der Literatur, Stuttgart 2010, ISBN-13: 978-3-8382-0107-8 (besonders S. 19 ff.)
W. Bode, Humpe, van Hazebrouck: Langenhäger Skizzen, Heft 6, Schriften zur Geschichte der Stadt Langenhagen, Hannover 1984
Otto Jürgens (Hrsg.): Hannoversche Chronik (Edition), Hannover 1907
Siegfried Müller: Leben in der Residenzstadt Hannover – Adel und Bürgertum im Zeitalter der Aufklärung, Hannover 1988
Arnold Nöldeke: Die Kunstdenkmäler der Provinz Hannover, Heft 2: Stadt Hannover, Teil 1: Denkmäler des „alten" Stadtgebietes Hannover, Hannover 1932, Neudruck: Wenner, Osnabrück 1979. ISBN 3-87898-151-1
Henning Rischbieter: Hannoversches Lesebuch, oder: Was in Hannover und über Hannover geschrieben, gedruckt und gelesen wurde, 1. Band: 1650-1850, Friedrich, Velber 1975
Theodor Unger: Führer durch die Stadt und ihre Bauten, Hannover 1882 (Reprint 1986)

Quellen

Akten des Niedersächsischen Landesarchivs -Hauptstaatsarchiv Hannover- (Bestände Cal. Br. 8, Hann. 26 a, Hann. 72, Hann. 74 Hannover, Hann. 80 Hannover I A)
Akten des Stadtarchivs Hannover (Bestand AAA Nr. 1105-1254)

16
Amtsverwaltung und Amtshäuser um Hannover

Auf dem Gebiet des ehemaligen Landkreises Hannover befanden sich im Laufe der Zeit 19 Amtsverwaltungen. Die im 19. Jahrhundert noch bestehenden Ämter wurden 1885 aufgelöst und gingen in den Kreisen auf. Die Amtshäuser sind fast alle noch erhalten und werden meist öffentlich oder privat genutzt.

Die Amtsverwaltung vom Mittelalter bis 1885

Die Ämter waren die unterste Behörde, die viele Arten von Tätigkeiten des Staates ausübte und den direkten Kontakt zur Bevölkerung hielt. Die Anfänge sind schon im 13. und 14. Jahrhundert zu finden, als sich die Macht des Adels gefestigt hatte und von Burgen und Schlössern ausging. Schriftliche Unterlagen sind jedoch erst ab 1520-1550 vorhanden.

Vogteien wurden zu Ämtern zusammengelegt. Die politische Konstellation hatte großen Einfluss – große Macht und entsprechend prächtige Schlösser ließen auch große Ämter entstehen.

Streitigkeiten führten zu Gebietsaustausch und auch Pufferarealen mit nur wenigen Dörfern. Brauchte die jeweilige Herrschaft Geld, so gab sie zeitweise Ämter an Adlige und Städte in Pfand. Es kam auch vor, dass dann weiterverpachtet wurde. Die Tätigkeit der Ämter war durch Amtsordnungen geregelt, so 1674 und 1684 durch die Ordnungen Herzogs Johann Friedrich. 1752 wurden durch die Königliche Kammer (Regierung) die fünf Hauptarbeitsgebiete der Ämter festgelegt, nämlich Regierungssachen, Kammer- und Domanialsachen (mit 28 Untergebieten), Justizsachen, Kriegssachen und Kirchensachen. 1852 wurden das Justizwesen ausgegliedert und Amtsgerichte. Es bestanden außer den staatlichen Ämtern im ehem. Landkreis Hannover noch Klosterämter, auch mehrere städtische und adlige Gerichte. Die Klosterämter waren nach der Reformation für die Verwaltung des kirchlichen Eigentums geschaffen worden und unterstanden dem Klosterfonds. 1859 wurde die Zahl der Ämter vermindert, und 1885 erfolgte die endgültige Auflösung.

Die Amtspersonen und ihre Aufgaben

An oberster Stelle stand der Amtmann, kleine Ämter unterstanden im 19. Jahrhundert den Amtsassessoren. Zeitweilig bestanden Ämter mit adligen Drosten und bürgerlichen Amtmännern nebeneinander, wobei die Drosten den militärischen Bereich, die Amtmänner den zivilen Bereich verwalteten. Amtsverwaltungen betrieben meistens Landwirtschaft zur eigenen Versorgung unter Leitung des Amtmanns. Unter dem Amtmann fungierte der Amtschreiber, dessen Aufgabe die Berichterstattung und Registratur war. Unter dem Amtschreiber hatte der Hausvogt die Grenzen des Amts zu überwachen, Steuern zu schätzen und die herrschaftlichen Dienste zu organisieren. Als Letzter in der Reihe der Amtspersonen hatten Amtsdiener und Amtspförtner den meisten Kontakt zum Volk, indem sie Gefälle (Steuern) einzutreiben, das Gefängnis zu beaufsichtigen und

Bekanntmachungen auszutragen hatte. Amtmänner und Amtschreiber hatten für den eventuellen Schadensfall hohe Kautionen zu hinterlegen, so im 18. Jahrhundert bis zu 2000 Taler. Die Gehaltszahlung an die Beamten wurde zu einem Drittel des Werts in Naturalien gegeben (Getreide, Vieh, Brennholz, freie Miete). In einem mittelgroßen Amt des 18. Jahrhunderts bekam der Amtmann jährlich den Wert von 300 Talern, der Amtsdiener den von 80 bis 100 Talern, der Hausvogt den von 30 bis 50 Talern.

Der Publikumsverkehr wurde durch regelmäßige Sprechtage eingehalten, gegen Ende des Bestehens der Ämter auf einen Tagtag in zwei Wochen reduziert.

Die Amtshäuser

Fast alle Amtshäuser sind noch erhalten, nur das Langenhagener Amtshaus wurde 1861 abgerissen. 1859, im Jahr der Amtsauflösung, hatte man hier noch einen Neubau geplant. Die vorhandenen Gebäude befanden sich teils in öffentlichem Besitz (Institute, Landes- und Stadtverwaltungen), teils in privatem Besitz. Größtenteils waren es Fachwerkhäuser, im Fall von Koldingen und Bokeloh Massivbauten. Der Erhaltungszustand war unterschiedlich. Es gibt sehr gut erhaltene Häuser wie Schloss Ricklingen, aber auch ein Haus in schlimmem Zustand in Blumenau. Die Baujahre der Amtshäuser sind nicht immer ermittelbar, da Teile von früher vorhandenen Gebäuden mit verwendet wurden, besonders nach Zerstörungen.

Liste der Ämter und Amtshäuser

Amt	Bestehen	Veränderungen	Baujahr
Bissendorf Amtsvogtei	1560-1859	1859 an Amt Burgwedel	1819
Blumenau	ca. 1320-1819	1819 Aufnahme von Bokeloh 1859 an Linden und Neustadt	1830
Bokeloh	ca. 1540-1819	1819 an Blumenau	1766
Burgdorf	1420-1885	1859 Aufnahme v. Ilten	Mitte 17. Jh.
Burgwedel	1852-1885	aus Amtsvogteien Burgwedel und Bissendorf	1647
Calenberg	1810-1885	ab 1371 Großvogtei 1817 Teilung	1700
Ilten	1566-1859	vor 1815 Amtsvogtei	1738
Koldingen	1523-1824	1824 an Hannover	1593
Langenhagen	1639-1859	1859 an Hannover	unbekannt
Neustadt a. Rbge.	1558-1885	1852 Teile an Ricklingen	1584
Ricklingen	1353-1859	1859 an Neustadt	1750
Springe	1584-1884	1852 Teil an Hameln 1859 Aufnahme von Lauenau	1840

Klosteramt

Barsinghausen 1542-1849   1849 an Klosteramt Wennigsen   1682

Mariensee   1549-1878   1726

Marienwerder 1589-1865   1865 an Klosteramt Wennigsen   unbekannt

Wennigsen   1627-1871   1781

Wülfinghausen 1714-1809   1809 an Klosteramt Wennigsen   unbekannt

Abb. 28: Ehemaliges Amtshaus Ilten (2010).

Literatur

Michael Hermann, Ernst Pitz (Bearb.): Übersicht über die Bestände des Niedersächsischen Hauptstaatsarchivs Hannover, Veröffentlichungen der Niedersächsischen Archivverwaltung, Band 42, Göttingen 1983

Henner Hannig (Hrsg.): Baudenkmale in Niedersachsen, Band 13.1: Landkreis Hannover, Braunschweig/Wiesbaden 1988

Wilhelm Winkel: Geschichte der Stadt Neustadt am Rübenberge, hrsg. von Kreisgruppe Neustadt des Heimatbundes Niedersachsen und Stadt Neustadt a. Rbge., Hannover 1966

Carl Wolff (Hrsg.): Kunstdenkmäler der Provinz Hannover, Landkreise Hannover und Linden, hrsg. im Auftrag der Provinzial-Kommission zur Erforschung und Erhaltung der Denkmäler in der Provinz Hannover, Hannover 1899

Quellen

38 Akten des Niedersächsischen Landesarchivs -Hauptstaatsarchiv Hannover- (Bestände Han. 74 Ilten, Hann. 74 Neustadt, Hann. 74 Springe, Hann. 75, Hann. 88 A)

17
Die königliche Jagd im Deister

Das Jagdwesen wurde erst 1792 aus dem Verbund mit dem Forstwesen herausgelöst. Bis zum Ende des Königreichs 1866 fanden im Deister ordentliche und außerordentliche Jagden statt. Hierbei zählt der Kleine Deister mit, in dem 1835 der Saupark eingerichtet wurde. Der Jägerhof in Hannover versorgte den königlichen Hofstaat mit Wildbret.

Die Organisation
des hannoverschen Jagdwesens

Das Oberjagddepartement übernahm 1793 die Angelegenheiten der Jagd. Es unterhielt 1818-1840 insgesamt 33 Jagdinspektionen, dann bis 1848 einzelne Jagddepartements, in unserer Gegend das Departement Calenberg. 1855-1866 gab es dann die Ordnung nach den Landdrosteien, in preußischer Zeit durch die Forstinspektionen. Die Beziehungen der Jagd zur Forstverwaltung, die oft problematisch waren, wurden 1826 durch eine Dienstordnung mit 22 Artikeln geregelt. Hier konnten Forstbeamte auch die Funktionen von Jagdbeamten ausüben.

Abb. 29: Ehemaliges Jagdschloss Georgsplatz bei Wennigsen (2010).

An oberster Stelle des Departements stand eine dreiköpfige Leitung mit einem Oberjägermeister an der Spitze. Dies waren 1800-1866: Olivier v. Beaulieu-Marconnay, v. Zastrow, v. Düring, Ferdinand v. Hardenberg und Freiherr v. Knigge. Um 1835 gehörten dazu noch fünf adlige Jagdjunker, die weiter aufsteigen konnten.

Der hannoversche Jägerhof (vor dem Steintor) wurde von Oberwildmeistern und Wilmestern geleitet. Ihm gehörten fünf bis zwölf Hofjäger an, die zuvor Dienst im Feldjägerkorps geleistet hatten. Ihnen wurden bestimmte Arbeitsgebiete zugewiesen. Weitere Rangstufen waren Gehegereiter, Federschützen und Grenzschützen. Der Saupark wurde gesondert von einem Wildmeister oder zwei Gehegereitern verwaltet. An unterster Stelle standen Aufseher und Wildhirten.

Die Jagdarten

Im 18. und 19. Jahrhundert war die Haupt- und Laufjagd eine verbreitete Jagdform. Sie erforderte einen großen Aufwand an Menschen und Material und war entsprechend teuer. Das im Lindener Jagdzeughaus gelagerte Material musste angefahren werden, nämlich Pfähle, Stangen, Tücher, dazu das „Stellzeug" (Pfahleisen, Hacken, Hebegabeln und Hämmer). Das Wild wurde von den Treibern in die mit Tüchern abgeteilten Kammern gedrückt, um dann auf dem „Laufplatz" erlegt zu werden. Durch verschieden hoch gestellte Tücher konnte man das Schwarzwild vom Hochwild trennen. Im Großen Deister sind durch Weber (Flurnamen) drei Laufplätze nachgewiesen, davon einer nördlich des Annaturms, und einem nahe des Mögebierstollens in der Wennigsen. Argestorfer Genossenschaftsforst. Die Hauptjagd und das Contrajagen als Teil der „eingestellten" Jagd werden heute nicht mehr ausgeübt. Weitere Jagdformen waren Kessel- und Streifjagden.

**Die ordentlichen Jagden
und Jagddienste**

Vor 1840 fanden regelrechte Jagdzüge statt, die bis zu zehn Tage dauerten. Die zunächst liegenden Ortschaften hatten Herrendienste durch Gestellung von Treibern Fuhrwerken und Zugtieren zu leisten. Dies geschah oft sehr widerwillig.

Einige Beispiele von Jagden: Im Dezember 1825 ging die Jagdgesellschaft auf einen neuntägigen Streifzug auf Schwarzwild. Man begann in Eldagsen, jagte bei Wülfinghausen, Altenhagen I, Völksen im Münderschen Zuschlag, bei Köllnischfeld sowie im Wennigser Forst und beendete den Zug oberhalb von Barsinghausen. Ein Jagdzug im Dezember 1832 hatte fast den gleichen Verlauf. Man ging dann auf dreitägige Hauptjagden mit viel Personal über. So wurden beispielsweise im September 1840 im Raum Völksen, Springe und Altenhagen 100 Mann an Handdiensten, 60 Pferde und 15 Wagen eingesetzt. Im Dezember 1852 waren es dann zwei Jagdtage im Raum Bennigsen, bei denen 80 Treiber mitwirkten, aber nur zwei Wagen mit acht Pferden verwendet wurden. Im Januar 1857 benötigte man für die Treibjagd auf Schwarzwild im Saupark in drei Tagen 80 Treiber, 50 weitere Helfer, zwei Wagen und zwölf Pferde. Ähnliche Jagden verzeichnete man 1860 und 1861 im Saupark und im Wennigser Klosterforst. Die Tradition wurde auch nach 1866 fortgesetzt: 1867 wurden von 18 Schützen 80 Stück Schwarzwild erlegt und 1868 waren im großen Deister 24 Jagdgäste dabei, die Jagd auf Rotwild begann am Georgsplatz und endete am dritte Tag am Emmerkenbrink.

Im Oktober und November 1862 jagten Kronprinz Ernst August und Prinz Georg zu Solms gemeinsam im Saupark viermal auf Hirsche und einmal auf Sauen.

Die Kosten von 976 Talern zahlte die Kronkasse, unter anderem das Schießgeld für den Hofjäger Schuster. Ebenfalls im November 1862 jagte hier auch der Herzog von Braunschweig. 1863 jagte man im Saupark am 3. bis 5. November auf Schwarzwild. Hier nahm der Herzog von Braunschweig teil, begleitet vom Hofbüchsenspanner Wallmann und Wildmeister Goedeckemeyer. Dazu kamen noch die Hofjäger Hausmann, Beurmann und Levecke sowie acht weitere Jagdbediente.

Im November 1864 jagten ebenfalls im Saupark Oberjägermeister Otto Hartwig von Reden und Hofjägermeister Carl Graf v. Hardenberg, begleitet von neun Hofjägern. Die Kosten dieser Jagd beliefen sich auf 618 Taler.

Die Teilnehmerliste einer Schwarzwildjagd vom 22. bis 24. November 1865 liest sich wie ein Auszug aus dem Adelskalender. Von den 17 Jagdgästen sollen als Ranghöchster Kronprinz Ernst August, der Herzog von Braunschweig und zwei Prinzen zu Solms genannt sein.

„Wilddieberey" und Unglücke

Der Hofjäger Toppius wurde am 29. Februar 1807 von einem Wilddieb getötet. Abgesehen von einem Gedenkstein nahe dem Georgsplatz sind seine Lebensdaten unbekannt. Der Standplatz des Gedenksteins wurde als Toppiusplatz benannt.

Am bekanntesten ist der Tod des königlichen Jägers Eduard Elten, der von dem Münderschen Wilddieb Meyer am 1. März 1835 „meuchlings" ermordet wurde. Angeblich soll er im Todeskampf den Wilddieb erschossen haben, aber es waren wohl seine beiden Jagdkameraden, die ihn rächten und aus Angst vor Strafe diese Version verbreiteten. Elten erhielt ein Denkmal im Wald oberhalb von Wennigsen und ein Grabmal auf dem Wennigser Friedhof, dessen Kosten von 590 Talern durch eine Sammlung aufgebracht wurden. An der Gestaltung wirkten der Bildhauer Ernst v. Bandel und der Barsinghausener Steinhauer Blume mit.

In der Allgemeinen Forst- und Jagdzeitung verlautete dazu 1837:

Wilddieberei im Hannöverischen.

(...)

Einer der verwegensten Wilddiebe neuerer Zeit war Meyer, ehemals Jäger bei verschiedenen Edelleuten; er verband mit einer schlanken schönen Figur alle Fähigkeiten eines trefflichen Schützen. Späterhin verehlichte er sich mit einem Landmädchen, fand aber an der Landwirthschaft weniger Gefallen, als am Waidwerke und hing auf erlaubten und unerlaubten Wegen seiner Neigung zur Jagd nach. Ein unstätes Leben brachte ihn zu Trink- und Spielgelagen, und da seine Kasse sein Herumschwärmen auf Jahrmärkten und Kirchmessen nicht bestreiten konnte, sein gut geführtes Rohr ihm aber einen leichten und mitunter sehr reichlichen Geldgewinn brachte, so ward er zuletzt ein Wilddieb von Profession, kühn, schlau, verwegen und gefährlich.

Wie es im Leben immer geht, so auch hier; Meyer suchte und fand Spießgesellen, mit denen er sein verruchtes Handwerk trieb, und in dieser Verbindung ward er für die Jagd ebenso verderbenbringend wie für die Forstleute und königlichen Jäger gefährlich. Große Kenntnisse der Deister-Waldungen und ein verschmitztes Benehmen ließen ihn lange sein gefährliches Handwert treiben, und seine Kühnheit und Entschlossen-

heit machten seinen Angriff, einzeln ausgeführt, bedenklich. Das Ueberhandnehmen der Wilddieberei aber veranlaßte das Oberjagddepartement, vom Königlichen Jäger-hofe zu Hannover zwei Jäger in das Amt Wenningsen (sic!) zu senden.

Unter diesen war Eduard Ellen, geboren auf dem Siedenburger Forsthofe, am 9ten März 1808, ein tüchtiger junger Mann; eben so ausgezeichnet durch seinen persönli-chen Muth, als liebenswürdig im bürgerlichen Leben, verband er mit diesen Tugenden die Eigenschaften eines vortrefflichen Waidmannes und genoß nicht nur die Freund-schaft und Liebe aller übrigen Jäger auf dem Königlichen Jägerhofe, sondern hatte sich auch die Achtung aller derjenigen erworben, die mit ihm bekannt waren.

Längere Zeit nun brachten diese beiden Königlichen Jäger vergeblich damit hin, die Waldungen des Deisters und dessen Verberge zu durchstreifen, ohne den Wildschützen Meyer und seine Spießgesellen bei ihrem schlechten Handwercke zu ergreifen. Viele vergebliche Versuche steigerten ihre Anstrengungen, und der Wilddieb Meyer ward immer kühner und gefährlicher durch den glücklichen Erfolg seiner gesetzlosen Jag-den. Endlich erfuhren die beiden Königlichen Jäger mit Bestimmtheit, daß dieser Wilddieb begleitet von einem andern Raubschützen, selben Tages in die Waldberge gegangen sei; die Jäger machten sich rasch auf, um einen gefahrvollen Strauß mit ih-nen zu bestehen.

1842 flog eine Bande von Wilddieben aus Völksen auf, der Bernhard Heuer, der Schuhmacher Remmers und der Schlachter Albrecht angehörten. Am Himmel-fahrtstag 1850 nahmen der Feldjäger Leeseberg und ein Forstaspirant den „be-rüchtigten" Wilddieb Weber aus Alvesrode fest, der eine zerlegbare Büchse bei sich führte.

Auch passierten bei großen Jagden Unglücke: Bei der Hauptjagd 1821 in Anwe-senheit König Georgs IV. wurden fünf Personen beim Töten des Wildes verletzt, allerdings nicht durch Waffen, sondern durch „Contusionen durch Schlagen und Stoßen des Wildprets".

Ein unglücklicher tödlicher Unfall ereignete sich am 1. Juli 1842 im Einbeck-häuser Forst, als der Egestorfer Hofjäger Schramm in die Schussbahn seines Jagdkameraden Rolf geriet. Trotz anfangs günstigem Verlauf starb Schramm nach drei Wochen.

Literatur

Heinrich Burckhardt: Aus dem Walde, Mittheilungen in zwanglosen Heften v. Burckhardt, Heft 1, Carl Rümpler, Hannover 1869
Günther Klapproth: Gedenksteine im Deister, Cadmos Verlag, Brunsbek 2004
Ernst Munzel: Der Saupark bei Springe – Geschichte eines humorvollen Jagdreviers, DRW-Verl. GmbH, Stuttgart 1971
Heinz Weber (Bearb.): Flurnamenlexikon zur Flurnamenkarte Egestorf, Hannover 1999
Michael Wrage: Der Staatsrat im Königreich Hannover 1839-1866, Juristische Schriftenreihe, Hamburg: LIT, 2001, S. 32
Allgemeine Forst- und Jagdzeitung, Nr. 66/2. Juni 1837, S. 264, Nr. 67/5. Juni 1837, S. 267

Quellen

70 Akten des Niedersächsischen Landesarchivs -Hauptstaatsarchiv Hannover- (Bestand Hann. 78)
Hannoverscher Staatskalender 1800-1870
Dankenswerte Auskünfte von Herrn Günther Klapproth, Hemmingen

18

Die Wassermühlen an der Ihme

Bei Evestorf südlich von Weetzen vereinigen sich Bredenbecker Bach und Wennigser Mühlbach zur Ihme, zeitweilig auch Landwehr genannt. An den Quellbächen und dem Fluss selbst versahen mehrere Wassermühlen ihren Dienst, zum Teil bis nach dem Zweiten Weltkrieg. Einige wurden über Generationen von der gleichen Familie betrieben. Die Mühlen waren zumeist in Erbzins vergeben und ihnen waren mehrere Dörfer zwangsverpflichtet (Mahlzwang). Nach 1831 konnten die Lasten durch Geldzahlungen abgelöst werden

Die Müller hatten Gebäude, Wasseranlagen und bewegliches Inventar in Stand zu halten. Ausgenommen waren nur Schäden ohne eigenes Verschulden und die Erneuerung der Mahlwellen. Die Müller erhielten bis 1872 den Mahllohn als Naturalabgabe (so genannte Mahlmetze oder Mattekorn), die bei Brotkorn 1/16 beziehungsweise bei Schrot 1/20 des Mahlguts ausmachte. Untereinander lagen die Müller oft im Streit. Es ging da meist um Wasserrechte und unrechtmäßige Benutzung von Mahlgängen. Um 1900 wurden zum Antrieb Turbinen eingesetzt, und ab 1950 gaben die Müller ihre Betriebe auf.

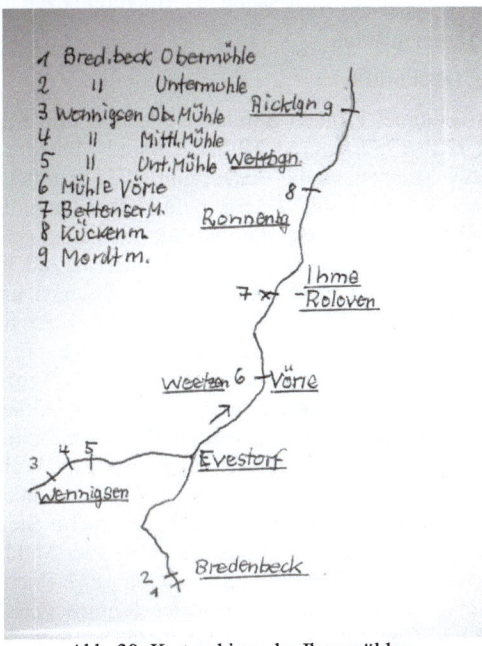

Abb. 30: Kartenskizze der Ihmemühlen.

Die Bredenbecker Mühlen

a) Die Obermühle

1657 ist der Bau einer Ölmühle durch Obristleutnant Friedrich Ulrich v. Knigge bezeugt. Die Mühle wurde bis 1749 von drei Müllern der Familie Hasenjäger betrieben, bis 1771 von Johann Wahnschafft, bis 1779 von Johann Sternberg. Es folgten bis 1806 Ernst Kallmeyer, bis 1838 Andreas Köhler, bis 1869 Christian Trapphagen. Trapphagen betrieb auch zeitweise die Untermühle. Er legte 1840 ein zusätzliches Wasserrad und Malgang an, weil die Kapazität nicht ausreichte. Wegen des Protestes der Müller aus Wennigsen musste er die Benutzung aufgeben und 50 Taler Strafe bezahlen. Bei dem Neubau des Gutes Bredenbeck durch Laves wurde 1860 das Mühlengebäude an der Ostseite des Baches neu errichtet. Der weitere Betrieb konnte nicht ermittelt werden.

b) Die Untermühle

Vor 1750 wurden Heinrich und Johann als erste Müller genannt. Weitere Müller waren bis 1783 Christian Brandt, bis 1814 August Uhde, bis 1846 Johann Brandt, bis 1869 Christian Trapphagen und bis 1880 Friedrich Brandt. Kurz danach wird der Betrieb eingegangen sein, denn um 1900 wurden die Gebäude in Karten der preußischen Landesvermessung als Molkerei bezeichnet.

Die Wennigser Wassermühlen

a) Die Wennigser Obermühle

1639 wurde Ernst Semmeler (auch Sembler) genannt, ihm folgten 1717-1720 Hans Müller und 1720-1737 Conrad Müller. Conrad Müller zahlte jährlich 45 Taler „in gangbahrer Müntze" an das Klosteramt. 1737 ermittelte ein „Ästimation" (Schätzung) den Wert mit 474 Talern, befand aber auch, dass das Inventar so gut wie unbrauchbar und der Teichdamm stark beschädigt sei. Weitere Müller waren 1740 Cordt Homeyer, 1742 Dietrich Simmern, 1780 bis 1785 August Conrad Müller. A. C. Müller mahlte Roggen und Graupen und musste gratis Bauholz für das Kloster schneiden. Müller gab dann 1785 für 140 Taler an Dohrmann aus Bredenbeck ab. Müller gab im Vertrag nicht an, dass er Teile des Stauteiches zugeschüttet und einen unerlaubten Mahlgang betrieben hatte. Dies brachte Dohrmann 80 Taler Strafe ein, und er durfte nur Graupen und Grütze mahlen. 1794-1830 betrieb Johann Bansen die Obermühle mit zwei Wasserrädern und mahlte Roggen, Graupen und Öl, auch unerlaubt Weizen. Sein Nachfolger, Anton Kleine, wurde deshalb 1832 zur Strafe verdonnert, nachdem ihn seine Konkurrenten angeschwärzt hatten. Da Kleine beim Siegelbruch ertappt wurde, entfernte man ihm sogar das Mahlwerk. Weil aber Mehlmangel herrschte, ließ man Gnade ergehen. Nächste Müller waren 1842 Friedrich Möller und 1859 Christian Gohde. Gohde zahlte die enorme Summe von 10000 Talern in Gold und 5000 Talern Courant, verkaufte dann 1863 an Schwabe, der bis 1876 tätig war.

Die Obermühle wurde bis um 1960 betrieben, dann zwang die Konkurrenz der Großmühlen zur Aufgabe.

b) Die Wennigser Mittelmühle

In den Akten werden als Müller genannt:

1689 Fr. Dedecke	1797 Johann Heinrich Sommer
1716 Johann Sommer	1814 Heinrich Christoph Schwabe
1717 Harmen Rick	1831 Ludwig Schwabe
1723 Cordt Homeyer	1849 Friedrich Schwabe
1740 Dietrich Sommer	1854 Ernst Schwabe

1740 wurden 101 Taler für Reparaturen ausgegeben, das Inventar war 505 Taler wert. 1890 ging die Mühle an Brennereibesitzer Ostermeyer für 22650 Taler. Der Betrieb dauerte bis zur Aufgabe wegen Gesundheitsgründen des Müllers Karl Ostermeyer 1961.

c) Die Wennigser Untermühle (Klostermühle)

In dreijähriger Pachtzeit sind mehrere Mitglieder der Familie Semmeler von 1688 bis 1706 genannt, danach 1707-1723 Cordt Homeyer, 1723-1732 Cordt Odening für 10 Taler und 30 Mariengroschen. Odening musste wegen des schlechten Zustandes des Inventars 35 Taler Ersatz leisten. Auch Odenings Nachfolger, Burkhard Möller, wirtschaftete so nachlässig, dass das Klosteramt unter Amtmann Brauns den Betrieb übernahm. Das Amt setzte als Verwalter die Müllermeister Casten und Gäbel ein, auch wurden durch Klosterbaumeister Schädeler 1741 die Gebäude erneuert. Weitere Müller waren 1746 Christian Semmler, 1750-1752 Hans Sommer, 1752-1776 Johann Wieboldt, 1777-1806 Johann Köhler. Nach mehrjährigem Rechtsstreit ging dann die Mühle 1807-1820 an Tegtmeyer, 1820-1826 an Amtmann Havemann und 1829-1832 an Mittelmüller Schwabe. 1832-1877 sind drei Mitglieder der Familie Temps genannt. 1877 waren zwei Mahlgänge für Roggen und Weizen vorhanden, und es wurden 226 Taler Pacht bezahlt. Der weitere Verlauf kann wegen Brandschaden im Zweiten Weltkrieg nicht ermittelt werden, das Ende der Mühle ist etwa mit 1956 anzusetzen.

Weitere Mühlen in Wennigsen waren die Grützmühle am Güstebach (1768-1871), die Ölmühle des Wieboldt (1763-1778) und die Lohmühle des Johann Meyer am Freibach (1761-1800).

Die Mühle von Vörie

Laut Urkundenbuch von Hodenberg kaufte das Kloster Wennigsen 1274 die „Vismole" vom Kloster Herse bei Paderborn. 1646 wird von einem Neubau nach Zerstörung geschrieben. Von dieser Zeit bis 1810 wirkten hier Mitglieder der Familie Jürgens als Müller, danach Ernst Meyer. Zu dessen Mahlbezirk zählten Vörie, Weetzen, Linderte, Ihme und Roloven. Meyer erzeugte Roggenmehl, Graupen und Öl und baute 1840 seinen Ölmahlgang für Weizen um. Er zahlte jährlich 50 Taler Erbenzins an den Rat v. Lenthe. Meyers Nachfolger wurden Klußmann (1853), Winkenwerder und Mävers. Letzter Vörier Müller war ab 1895 Heinrich Lindemann, der eine Turbine einbaute. Die Einstellung ist mit ca. 1940 anzusetzen.

Abb. 31: Mühle Vörie 2010.

Die Bettenser Mühle

Erste Nachrichten stammen von 1365, als sich die Mühle im Besitz des Eberhard von Wettbergen befand, danach der Familie v. Grote. Im Dreißigjährigen Krieg brannte die Mühle ab und wurde 1653 durch den Hofmarschall Heinrich v. Steding neu erbaut. An Stelle des unterschlächtigen Wasserrades wurden ein oberschlächtiges Rad und drei Mahlgänge installiert. Weitere Müller waren 1735 Burkhard Möller (vorher Wennigsen), dann mehrere Müller der Familie Haller im Erbenzinsverhältnis zum Geschlecht der v. Münchhausen. Laut Vertrag von 1847 durfte die Ihme nicht so hoch gestaut werden, dass das Gut Bettensen in Gefahr geriet. Haller musste 1853 die Anlage einer Dampfmaschine ad acta legen, da die umliegenden Mühlenbesitzer protestierten. Nach 1900 wurden eine Turbine und zwei Walzenstühle angeschafft, und erst 1970 lag die Mühle still.

Die Kückenmühle bei Rodenberg

Diese Mühle, heute als Ausflugsgaststätte bekannt, wurde zuerst 1320 genannt, als sie von den Rittern v. Mandelsloh an Heinrich v. Knigge überging, und hieß zu dieser Zeit „Neddermühle". 1616 gehörte sie der Ronnenberger Kirche und hieß deshalb Priestermühle. 1662-1702 wurde sie nach ihrem Müller „die Marockmühle" genannt. Um 1700 war Graf v. Platen Besitzer. Es durften nur die „Puckelträger" mahlen lassen, also nicht die Bespannten. 1707 trat Kaspar Kücken in das Erbenzinsverhältnis ein, nach ihm noch mehrere Mitglieder seiner Familie. 1792 bemühte sich Johann Georg Kücken um die Anlage eines Graupenmahlganges. Die Bewohner der umliegenden Orte unterstützten ihn mit dem

Argument „wir wollen auch feine Graupen in der Suppe essen wie die Leute in Hildesheim und Paderborn". Kücken nahm zum Betrieb einen Kredit von 605 Talern auf, davon 450 Taler der Wettberger Kirche. Um 1840 gehörte die Mühle dem Grafen v. Alten und wurde 1863 von dem letzten Müller, Heinrich Kücken, erworben. 1893 erfolgte ein Neubau und 1927 die Stilllegung.

Die Mordtmühle bei Ricklingen

Der Name taucht 1330 in einer Urkunde des Ritters Hermann v. Knigge auf. In der Nähe befand sich ein früher Wachtturm der Stadt Hannover. Man erfährt, dass sich 1653 in der Mühle ein Krug befand. 1688 wollten die Einwohner von Devese hier nicht mahlen lassen und gingen zur Ronnenberger Mühle des Marock. Um 1700 mag die Einstellung gewesen sein. An die Mühle erinnert der heutige Straßenname Mühlenholzweg.

Literatur und Quellen

Franz Hinrich Hesse: Rund um Hannover, Nachschlagebuch und heimatkundlicher Führer, 1941
Wilhelm Kleeberg: Niedersächsische Mühlengeschichte, Hannover 1979
Friedrich Schwertfeger: Geschichte des Dorfes Vörie, hrsg. zur 700-Jahrfeier der Gemeinde 1256-1956, Vörie 1956
Peter Seifried: Wetberga – kleine Chronik von Wettbergen 1055-1857, Bruns, 1964
Dieter Wilhelm Weber-Oldecop: Ortssippenbuch Bredenbeck/Deister, Evestorf, Holtensen (1684-1874), Gehrden (bei Hannover) 1977
Akten des Niedersächsischen Landesarchivs -Hauptstaatsarchiv Hannover- (Bestände Cal. Orig. 100 Wennigsen, Hann. 74 Wennigsen, Hann. 75, Hann. 80 Hannover)
Schriften der Heimatmuseen Ronnenberg und Wennigsen
Dankenswerte Auskünfte von F. Seemann (Bredenbeck), O. Bühmann, D. Müller, U. Ostermeyer (Wennigsen), Gryschka (Roloven), Blume (Ronnenberg)

19

Die Wassermühlen im unteren Sünteltal

Oberhalb von Bakede entspringt im Süntel die Rodenberger Aue. Sie trieb zusammen neun Mühlen vom Mittelalter bis teilweise nach dem Zweiten Weltkrieg an. Die Mühlen erzeugten Mehl, Schrot, Öl und Graupen, sägten aber auch Holz. Verschiedene waren Zwangsmühlen wie die Landermühle und die Mühle von Lauenau. Die Belege zu den Mühlen sind sehr lückenhaft, da viele Akten bei Aufgabe des Kreises Springe vernichtet wurden.

Abb. 32: Mühlenpatent der Wischmühle Pohle von 1812. Niedersächsisches Landesarchiv Hann. 74 Springe Nr. 1433

Die Bakeder Mühle: Laut Hodenberg (Calenberger Urkundenbuch III Nr. 551) verkaufte 1302 der Edelherr Johann von Adenoys (Adensen) alle seine Güter in Bakede an das Kloster Loccum, darunter fünf Hufen Land mit einer Mühle, welche Johann Jäger in Lehen hatte. Weiteres ist erst ab 1828 bekannt durch den Bau einer neuen Schrot- und Ölmühle, die von Julius Borcherding beantragt wurde. Eine Hausinschrift besagt, dass seit 1847 die Familie Borcherding im Besitz der Mühle war. Der Familienstammbaum besagt aber, dass *die Mühle von 1747* von Borcherdings betrieben worden sei. Bis 1900 durften nur Graupen gemahlen und Öl geschlagen werden. Auch im Jahre 2000 wurde noch zum Eigenbedarf gemahlen, auch von einem namens Borcherding.

Die Gutsmühle zu Einbeckhausen: Es existierte bis zu seinem Abriss 1972 auf dem Gutshof derer von Haus eine 1571 erbaute Wassermühle. Laut Jürgens, *Kunstdenkmale*, befand sich im Türsturz die Inschrift „Jasper v. Huss und Katrina von Rottorp a. d. 1571". Diese adlige Mühle war abgabenfrei und gehörte im 19. Jahrhundert dem Grafen Georg von Bremer. Von 1816 bis 1847 ist Heinrich Dietermann als Pächter nachgewiesen.

Die Landermühle bei Rohrsen: Als erster Müller ist 1645 Curdt Bruncken bekannt. Ihm folgten als Pächter 1665 Heinrich Schladen, 1768 Carl Sebohm, 1778 Wolf Portger. 1753 und 1754 wurden 718 beziehungsweise 743 Himten Korn gemahlen (1 Himten = 31,15 Liter). Zwangsmahlgäste in der Landermühle waren die Einwohner von Eimbeckhausen, Schmarrie, Beber, Bakede, Rohrsen, Böbber, Egestorf, Nettelrede und Luttringhausen. Einige Leute, wie zum Beispiel Christian Most aus Nettelrede, ließen jedoch in Hamelspringe mahlen und werden deswegen bestraft. Als sich die Einwohner von Schmarrie über den „Licent-Controlleur" (Steuereinnehmer) beschwerten und vom Mühlenzwang befreit sein wollten, beschied der Kammerpräsident v. Wenckstern das Amt Lauenau: „So habt Ihr die Querulanten abzuweisen!"

Der Mühlenpächter Georg Redecker zahlte 1802-1822 insgesamt 454 Taler Pacht pro Jahr. 1822 übernahm dann Ludwig Schlüter nach Zahlung von 908 Talern Abstand, er zahlte jährlich 400 Taler Pacht, die 1828 in die Lieferung von 100 Maltern Roggen (= 120 Tonnen) umgewandelt wurde. Das Mühlengebäude maß nun 38 x 29 Fuß, das Wasserrad hatte einen Durchmesser von 17 Fuß, die Radwelle war 24 Fuß lang. Als weitere Müller werden genannt: 1833 Fiedeler, 1837 Christian Meyer, 1839 brachten die umliegenden Gemeinden 9109 Taler auf, um den Mühlenzwang abzulösen, und Heinrich Bendler wurde Müller.

Die Bussenmühle bei Schmarrie: Die Mühle ist nach einem ihrer ersten Pächter, Paul Bussen (1639), benannt, der jährlich 83 Taler Pacht entrichtete. Ihm folgten 1679 Adolf Tönnies, 1682 Heinrich Steinmeyer und 1698 Hans Bormann. Die Mühle gehörte bis 1700 Jobst von Landesbergen in Wormstal bei Stadthagen, dann durch Erbfolge dem königlichen Gerichtsassessor Becker.

Die Pacht betrug sechs Malter Hafer (11,2 Hektoliter) beziehungsweise sechs Taler in Münze. 1699-1712 sind als Pächter Johann Söhle und Christian Jürgens genannt. 1742 wurden die Mauern erneuert; die Mühle hatte jetzt vier Mahlgänge und kostete 254 Taler Pacht. 1832 wurde durch Müller David Bornemann ein Graupengang angelegt. 1842 kaufte Premierleutnant v. Mengersen die Mühle und verpachtete sie an H. Holzmann gegen einen Abstand von 4000 Talern. Nächste Pächter waren 1864 Meyer und 1871-1879 Heinrich Koch. Müller Koch zahlte 88 Taler für die Ablösung aller Lasten und bat 1874 um Mahlerlaubnis an Sonntagen, weil die Dürre die benachbarten Mühlen lahm gelegt hatten. Der Betrieb setzte sich bis 1958 unter dem letzten Müller Lübbert fort.

Die Hülseder Gutsmühle: Neben dem Hülseder Sportplatz liegt ein unscheinbares und ramponiertes Gebäude, die Gutsmühle, die im Jahre 2000 noch die Einrichtung enthielt. Sie wurde von einem Abzweig des Hülseder Baches mit einem Stauteich gespeist. Laut Kleeberg (Mühlengeschichte) stammt die Mühle aus dem 17. Jahrhundert, ab 1725 mit oberschlächtigem Wasserrad. Als letzte Pächter sind die Gebrüder Frewert genannt. Möglicherweise findet man im Schloss Hülsede weitere schriftliche Zeugnisse.

Die Hülseder Mittelmühle: Parisius erwähnt, dass 1315 Graf Adolf von Schaumburg die Mittelmühle an das Stift Obernkirchen gegeben habe. Im Jahre

1687 „elocirt" Hermann v. Mengersen als Gutsherr von Hülsede die Mühle an Heinrich Möller für jährlich 63 Schillinge. Ein weiterer Müller Möller zahlte 1720 an das Amt Lauenau 12 Taler für Rottzins, Pflugschatz und Dienstgeld sowie 16 ½ Malter Roggen (30,86 Hektoliter). 1800 betrieb eine Familie namens Busse die Mühle, 1819 Johann Nagel. Es wurden Mahlgänge für Roggen und Graupen eingebaut, auch 1825 ein Neubau aufgeführt. Die Akten bis 1890 fehlen, dann wirkte hier Heinrich Platte. Der Betrieb lief bis 1980 unter Otto Habermann.

Die Hülseder Niedermühle: Die ersten Aufzeichnungen stammen von 1676, als Cord Bormann die Stoppinger Mühle vom Stift Obernkirchen gegen die Zahlung von acht Schillingen und sieben Hofzinshühnern pachtete. Auf Bormann folgte 1714 Johann Carl (auch Carell oder Carol). Die Familie Carl blieb bis 1839 im Pachtverhältnis und mahlte für 20 Mahlgäste. Der nächste Müller, Christoph Söftje, mahlte auch für die Lauenauer Gerberei Reineke Lohe und zahlte dafür an das Amt Lauenau 1 Taler 1 Taler „Recognition". Söftje sägte auch Holz und richtete 1865 eine Ölmühle ein. Er begründete seinen Antrag für die Ölmühle damit, dass bei gleichzeitigem Betrieb von Weizen- und Graupengang das Öl kalt würde und dadurch Verlust beim Pressen entstünde. Ab 1925 wurde vollständig auf Holzschnitt umgestellt, die Wasserräder gebrauchte man noch bis 1956.

Die Lauenauer Amtsmühle: 1520 wurde die Mühle von der Familie v. Münchhausen verkauft (Calenberger Urkundenbuch I, Nr. 252). 1627 und 1644 befassen sich Listen mit den Mahlgästen, die unerlaubt woanders mahlen ließen. Die Lauenauer Amtsmühle war nämlich Zwangsmühle für die Orte Lauenau, Feggendorf, Lübbersen, Altenhagen I, Messenkamp, Meinsen, Pohle und Hülsede. 1720 war die Mühle so heruntergewirtschaftet, dass 1722 ein Neubau erfolgte. Eine Inschrift am Giebel lautet: „Georg Rex/Elector/1722". Für den Bau mussten 381 Bürger des Amts Lauenau 1086 Handdienste und 103 Bürger Spanndienste leisten.

Bekannte Mühlenpächter bis 1800: 1723-1748 Jakob Gäbel, 1749-1761 Leonhard Tiedermann, 1762-1778 Wilhelm Hasenjäger, 1779-1793 Johann Düenbostel, 1794-1798 Johann Lühring. Ab 1800 werden genannt: 1800-1807 nochmals Düenbostel, 1807-1823 Johann Mollenhauer, 1823-1832 Ludwig Lührig für den Abstand von 1300 Talern und 400 Talern Pacht. Ab 1832 betrieb Christoph Kücken die Mühle mit zwei Kornmahlgängen, je einem Graupen- und Ölmahlgang und zusätzlich einem neuen „englischen Weizenmahlgang". Es gingen viele Beschwerden gegen Kücken ein von Mahlgästen, die „verkürzt", also betrogen sein wollten. Schließlich bequemte sich das Amt zu einer Untersuchung und befand 1846 Kücken als nicht zur Pacht geeignet. Für ihn wurde Bansen aus Stadthagen eingesetzt. 1847-1850 pachtete Dietermann, ab 1850 Fiedeler für 455 Taler Pacht. Nach den Ablösungen des Zwangsrechts durch die Gemeinden sank die Zahl der Kunden, und die Pacht wurde auf 230 Taler gesenkt.

Nachrichten bis 1895 fehlen, der Betrieb ging bis 1874 weiter mit Mahlen von Korn, Schrot und Ölfrüchten.

Die Wischmühle bei Pohle: Als 1802 Christoph Pfingsten die Erlaubnis beantragte, am Pohler Bach eine Grütz- und Ölmühle zu errichten, war die Gemarkung des Dorfes noch dreigeteilt, nämlich in hannoversches, hessisches und schaumburgisches Gebiet. Durch wiederholte Warnungen wurde ihm verboten, Korn zu mahlen. Nur unter der französischen Herrschaft wurde ihm durch die Kantonsverwaltung kurzzeitig das Kornmahlen erlaubt, allerdings dann endgültig ab 1815. Pfingsten übernahm 1825 die Mühle in Erbenzins für 30 Taler pro Jahr, wurde dann 1827 zu zehn Talern Strafe verurteilt, weil er Mahlgäste von Zwangsmühlen bedient hatte, auch wurden ihm die Mahltücher fortgenommen. Seine Rettung wurde eine Dürre, die seine Konkurrenz lahm legte. Ein Gleiches trat 1846 ein, wo für Pfingsten Gnade erging. 1852 erhielt Pfingsten trotz Ablösung der Gemeindelasten nicht die Mahlerlaubnis. Sein Protest bei der Landdrostei Hannover führte zu einem zehnjährigen Rechtsstreit. Als er endlich 1863 die Konzession erhielt, konnte er diese nur noch bis zu seinem Tode 1866 nutzen. Sein Sohn Friedrich setzte den Mahlbetrieb für Korn, Graupen und Ölfrüchte fort. Die weitere Betriebszeit bleibt bis 1917 unbekannt. Der letzte Müller Karl Pfingsten legte 1858 die Mühle still.

Literatur
Arbeitskreis der VHS: Lauenau – Auf den Spuren der Geschichte: Der Zweite Weltkrieg und die Zeit danach, Lauenau 1995
Gerhard Bogorinsky: 1033-1983: 950 Jahre Bakede, Bad Münder 1983
Heiner Jürgens, Arnold Nöldecke, Joachim von Welck: Kunstdenkmale des Kreises Springe, Selbstverlag der Provinzialverwaltung, Hannover 1941/1978
Wilhelm Kleeberg: Niedersächsische Mühlengeschichte, hrsg. von der Vereinigung zur Erhaltung von Wind- und Wassermühlen in Niedersachsen e.V., Hannover. H. Bösmann, Detmold 1964 und Schlütersche, Hannover 1979
Heinrich Munk: 1150 Jahre Pohle, Pohle 1990
Karl Parisius: Das vormalige Amt Lauenau, Springe 1951

Quellen

Akten des Niedersächsischen Landesarchivs -Hauptstaatsarchiv Hannover- (Bestände Hann. 74 Springe, Hann. 76a, Hann. 80 Hannover I, Hann. 88a, Hann. 172 , Hann. 174 Springe)
Dankenswerte Auskünfte der heutigen Besitzer

Die Verkehrswege: Land- und Wasserstraßen

20

Die Alte Peiner Heerstraße

Diese Straße, zeitweise auch *Alte Braunschweiger Heerstraße* genannt, verband die Stadt Hannover mit den Städten Peine und Braunschweig. Sie begann in Hannover vor dem Ägidientor, verlief über Misburg, querte den Misburger und Ahltener Wald, die Dörfer Aligse, Immensen, Arpke und Sievershausen und erreichte dann Peine. Der Betrieb auf dieser Straße ist von 1639 bis ca. 1860 belegbar, fand aber wohl schon früher statt. Hauptsächlich wurde hier Fracht gefahren, Heerzüge fanden nur sporadisch statt. Die Post benutzte diesen Weg nicht, sondern die Route über Burgdorf oder Sehnde. Das heutige westliche Teilstück der Straße, nämlich vom Friedhof Misburg bis zur Einmündung in die Bundesstraße 3 bei Lahe, wurde erst um 1850 angelegt. Der östliche Streckenteil von Aligse nach Osten trug zusammen mit der Straße von Burgdorf den Namen Braunschweiger Heerstraße. Der Betrieb ist nur indirekt belegbar über die „Wegebesserungen" (Reparaturen und Neubauten), auch durch Brückenbauten; Daten von Frachtmengen und Angaben über Frachtpersonal fehlen leider.

Abb. 33: Die Alte Peiner Heerstraße im Misburger Wald (2010).

Die Straße im Umfeld Hannovers

Genau genommen begann die Straße vor dem Ägidientor, da im 17. Jahrhundert das Vorfeld der Stadt noch unbebaut war. Der frühere „Misburger Damm" begann an der heutigen Sallstraße, nachweisbar auf einer Stadtkarte von 1860, und verlief bis Misburg. Der Name deutet auf feuchtes Gelände, wovon noch ein ca. ein Kilometer langes Teilstück des Abwassergrabens auf der Südseite der Straße zwischen der Straßenbahnstation Misburger Straße und der Straße Breite Wiese zeugt. Die Straße verlief auf einem Erddamm, der noch 1828 von den Bewohnern der Dörfer Kirchrode, Groß Buchholz und Klein Buchholz in Stand gehalten werden musste. Dann folgte das Teilstück zwischen dem Alten Gehäge (kein Wildpark, sondern einer Anpflanzung) und dem Misburger Seelberg., das 1828 von dem Laatzener Gogrefen Homann als sehr zerfahren geschildert wurde. Das Dorf Misburg wurde zum einen Teil durchfahren, zum anderen Teil westlich durch die Straße Fuhrenkamp umgangen, was durch die Karte von Villiers 1698 nachweisbar ist. Beide Teilstücke vereinigten sich nach der Passage von Brücken über die Wietze, damals Flöthe genannt, nördlich des heutigen Misburger Friedhofs. zu den genannten Brücken zählen die „Waldbrücke" mit sechs Fuß lichter Weite und 16 Fuß Länge sowie die westlicher Brücke an der Fahrenhorst. Der Neubau der ersten Brücke kostete 1844 insgesamt 144 Reichstaler, die der zweiten 158 Reichstaler. Ab dieser Vereinigung wurde dann die Straße 1850 nach Lahe geführt. Auf diesem Abschnitt wurde Torf des Altwarmbüchener Moores sowie Misburger Düngemergel zu den Dörfern westlich der Straße Hannover-Celle gefahren.

Auf der Strecke durch den Misburger und Ahltener Wald waren vielfach „Wegebesserungen" wegen Unpassierbarkeit nötig, so zum Beispiel die Anlage eines Erddammes, über dessen Kosten sich dann das Dorf Misburg und die Forstverwaltung stritten. Überhaupt wurde nach 1820, als der Frachtbetrieb schon stark gesunken war, noch ansehnliches Geld in Reparaturen gesteckt, so 1829 = 120 Taler, 1832 = 124 Taler und 1838 = sogar 788 Taler.

Die Straße bei Aligse

Hier taucht der Begriff „Brüggefahrt" auf. Man kann annehmen, dass es sich nicht um die Passage der dortigen Brücken handelt, sondern um die Getreidetransporte aus dem Raum Braunschweig und Magdeburg zum damaligen Seehafen Brügge. Man erreichte nun von Westen gesehen das Dorf Aligse, früher „Ahlße", wo sich die Straßen von Hannover und Burgdorf vereinigten. Hier wurde 1639 eine Zollstätte errichtet, in die man den Aligser Schmied Hans Priesse als Zolleinnehmer einsetzte. Ihm folgte Hermann Clammer. Diese Zollstelle bestand noch 1818 und wurde oft von den Frachtfahrern auf Schleichwegen umgangen. Östlich von Aligse musste die Aue (Burgdorfer Aue) überquert werden, über viele Jahre durch eine „Fohrt". Es war ein sehr unangenehmes Unternehmen, denn die Aue führte im Winterhalbjahr oft Hochwasser, bei dem die Niederung auf mehr als 200 Meter überschwemmt war. 1728 wurde berichtet, dass die Pferde bei Nacht stundenlang in eisigem Wasser stehen mussten und dass man das Eis mit Leiterbäumen habe brechen müssen. So erfolgte dann Eingabe um Eingabe, Besichtigungen und Kostenanschläge bis zum Beginn eines Brückenbaus 1739.

Unter der Leitung des Koldinger Amtmanns Arnold Voigt erbaute man einen Damm mit drei Holzbrücken (19,38 beziehungsweise 10 ½ Fuß Länge). Man setzte die Bauern von 16 umliegenden Ortschaften zu Hand- und Spanndiensten ein, also ohne Bezahlung, außerdem alle Pferde und Wagen dieser Orte zum Transport von Sand und Holz. Die Endabrechnung im Herbst 1740 belegt die Kosten in Höhe von 387 Talern. Indes waren die Brücken schon 1769 wieder so ramponiert, dass wieder ein Neubau fällig war. Diesmal entstand nur eine Brücke von 65 Fuß Länge und 16 Fuß Breite, die durch Mauern geschützt wurde. Transporte und Rammarbeiten waren wieder als Fronarbeit Sache der Bauern. Man hatte zwar Verzögerungen durch „Querulanten", die keinen Kalk fahren wollten, aber der Bau wurde im Juli 1769 fertig und war um 34 Taler billiger als der Voranschlag von 460 Talern – heute undenkbar. Nach weiteren 60 Jahren baute man 1830 die nächste Holzbrücke, die abermals billiger kam als der Voranschlag, nämlich 1434 an Stelle von 1511 Talern. Dieses Mal erleichterte man sich die Arbeit durch Anlegung eines Dammes und einer Hilfsbrücke. Als später eine Steinbrücke erbaut wurde, hatte die Straße längst ihre Bedeutung verloren.

Über die Strecke östlich von Aligse sind keine Zeugnisse vorhanden.

Literatur und Quellen

Otto Garms: Aligse – Geschichte im Spiegel eines niedersächsischen Dorfes, 1999

Adolf Meyer: Immensen in alter Zeit, Lehrte 1919

Anton Scholand: Misburgs Boden und Bevölkerung im Wandel der Zeiten (Chronik). 1. Auflage Hildesheim und Leipzig: Verlag August Lax 1937

Akten des Niedersächsischen Landesarchivs -Hauptstaatsarchiv Hannover- (Bestände Hann. 61 a Celle, Hann. 74 Burgdorf I, Hann. 80 Hannover, Hann. 80 Lüneburg, Hann. 88a)

Abb. 34: Karte des Fürstentums Lüneburg von Willem and Joan Blaeu, 1645

21
Die Poststraßen zwischen Hannover und Celle

Zwischen Hannover und der alten Residenzstadt Celle verläuft die heutige Bundesstraße 3 recht geradlinig, umgeht aber nun Schillerslage. Hier befand sich vor 1860 ein Postrelais. Noch früher, vor 1786, lag diese Station an einer noch älteren Poststraße in Engensen. In diesem Beitrag soll über die beiden Straßen und über den auf ihnen abgewickelten Postverkehr berichtet werden.

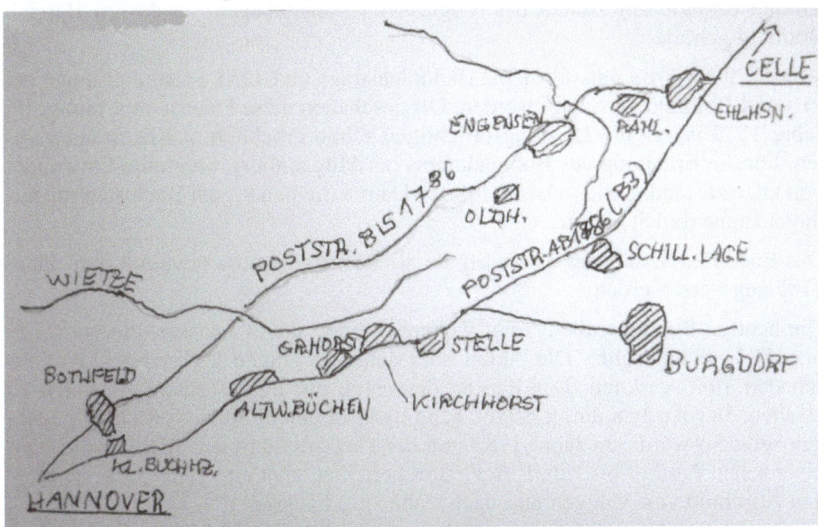

Abb. 35: Kartenskizze der alten Poststraßen.
Zeichnung des Autors nach TK 50, Blätter Hannover, Celle, Burgdorf

Der zeitliche Beginn der Poststraße über Engensen kann nicht nachgewiesen werden. Eine frühe Erwähnung des Postverkehrs datiert von 1646, der erste Vermerk in Karten von 1662, die dem französischen Ingenieur Couffier de Bonnivet, genannt Villiers, zugeschrieben werden (Signatur Amt Burgdorf 31b 10pm im Niedersächsischen Landesarchiv). Der Verlauf der Straße ist heute schwer nachzuvollziehen. Zumeist als Kommunalweg genutzt, ist nördlich des Basselthofes nur noch etwa 200 Meter Originalpflasterung sichtbar.

Die Straße verlief ab dem hannoverschen Posthaus vor dem Steintor über die heutige Celler Straße zum ehemaligen Dorf List, dann von der heutigen Podbielskistraße etwas nördlich abweichend zum Dorf Bothfeld.

Weiter ging es über die Straße Am Heitkampe, über den Laher Graben und die Wietze, hart nördlich am Basselthof vorbei (früher zwei Bauernhöfe), Gut Lohne und westlich von Oldhorst nach Engensen. Der weitere Verlauf wird aus einem Bericht deutlich, den das Amt Burgwedel 1759 an die hannoversche Regierung gab: Demnach überwand die Straße bei Lahberg den Wulbeck, dann den so genannten „Ziegenfortzgraben", umging Ramlingen nördlich und gelangte über die Aue und den Müggenburger Bohldamm zur Müggenburg, einem einständigen Hof, der bereits 1470 erwähnt und 1630 und schließlich 1921 in Schutt und Asche gelegt worden ist, dann weiter nach Celle.

Diese Straße wird als nur in trockenen Zeiten passierbar beschrieben. Besonders bei Bothfeld wurden schwierige Stellen genannt.

Zwischen Hannover und Bothfeld fanden zahlreiche „Wegebesserungen" durch Hand- und Spanndienste der zwangsverpflichteten Einwohner der umliegenden Dörfer statt, so beispielsweise 1652 ein Brückenbau über die Osterforth. Dieser Einsatz erfolgte auf Befehl des Vogtes von Langenhagen, zu dessen Bereich Bothfeld gehörte.

Von 1779 bis 1783 mussten 1022 Handdiensttage und 1251 Spanndiensttage bei List und Bothfeld verrichtet werden. Oft geschahen diese Dienste missmutig. Im Jahre 1779 waren die Leistungspflichtigen schon erheblich in Rückstand geraten. Für die Erhaltung des Bohlendamms bei Müggenburg waren die Einwohner von Otze zuständig. Sie mussten für den Damm die benötigten Baumstämme aus ihrem Eichenbruch liefern.

Das Ende der Benutzung dieser Straße als Poststraße muss etwa mit dem Jahre 1785 angesetzt werden.

Die heutige Bundesstraße 3 folgt weitgehend der alten Chaussee, die von 1779 bis 1784 erbaut wurde. Die Akten über den Bau gingen leider durch Wasserschaden 1946 verloren. Der Bau ist deswegen nur durch spätere Bauakten zu ersehen. Der Ausbau dieser Straße kann nicht in einem Stück vonstatten gegangen sein. So wurde im Jahre 1783 von der Fertigstellung der Strecke vom hannoverschen Posthof bis zum Lister Turm berichtet, aber erst 1833 gedachte man, den Abschnitt von Müggenburg nach Celle zu „chaussieren".

Die Wegeordnung von 1797 verlangte von den Dienstpflichtigen eine tägliche Arbeitszeit von neun Stunden. Dafür bezahlte die Wegebaukasse täglich pro Pferd sechs und pro Handdienst drei „Gute Groschen" (ggr). Ab 1806 wird die Chaussee durch die schweren Militärtransporte stark ruiniert. Die Wegebaubeamten v. Hinüber und Döring ordnen die Reparatur durch 480 Spanndienste und 1300 Handdienste an. Der Sand für die notwendigen Ausbesserungen musste von den nahe gelegenen Feldern genommen werden, als dies nicht ausreicht, von weiter weg liegenden Sandgruben, ebenso Grand (Kies). Für vier Meilen Chaussee wurden 1818 insgesamt 10000 Kasten Kies (1 Kasten = 7,35 Kubikmeter) im Werte von 4886 Reichstalern verbaut. Einen Großteil davon ließ der Posthalter Sprengel vom Sorgenser Berg anfahren. Fast alle Nachrichten aus der Zeit von 1800 bis 1850 geben Zeugnis über Materialgewinnung und die Dienste. Steine waren sehr begehrt und wurden regelrecht „gerodet", beispielsweise Raseneisenstein, der von den Grundbesitzern an die Straßenbauverwaltung verkauft wurde. Es wird auch von ärgerlichen Hindernissen berichtet, die durch rastende Gespanne vor Wirtshäusern entstanden.

Die Posthäuser und ihr Personal

Hannover: Vor dem Steintor am Beginn der Straße nach Celle (Celler Straße 1) entstand 1643 das Posthaus, nachdem Herzog Christian Ludwig seine Genehmigung gegeben hatte. Das Posthaus wurde eingeschossig errichtet. Der Name der etwa 200 Meter westlich gelegenen, heutigen Straße „Am Postkamp" erinnert an dieses Posthaus. 1672 erbaute man ein neues Posthaus, dem Scheune, Schmiede und Waschhaus hinzugefügt wurden. Seit 1643 befanden sich die Gebäude im Besitz der Familie Hinüber, später von Hinüber. Erster Eigentümer war Rütger Hinüber, der zuvor Hildesheimer und Brandenburgischer Postmeister gewesen war.

Herzog Johann Friedrich ernannte 1665 Hans Hinüber zum Leiter seines Postwesens. Der Posthof war in der Familie vererbbar und frei von Lasten, was natürlich dem hannoverschen Rat missfiel. Als weitere Besitzer sind Jobst Anton und Gerhard von Hinüber vermerkt, als Verwalter und spätere Postmeister sind auch Winter und Schröder bekannt. 1800 wurde die königliche Generalpostdirektion gegründet, und die Post siedelte in die Calenberger Neustadt über. Hier, im Haus Poststraße 49, nördlich der Neustädter Kirche, residierten Postdirektor Gerhard von Hinüber und der Postmeister Haase, nach 1820 Rudloff und Borchers. Durch starke Vergrößerung des Postvolumens sind nun 27 Bedienstete beschäftigt.

Engensen und Schillerslage: In Engensen war 1685 der Posthalter Reinhard Lohse bekannt. Ein Neubau des Posthauses erfolgte 1688 durch den Drosten und Amtsvogt Stechinelli, der zu dieser Zeit Generalpostmeister des Herzogs Georg Wilhelm war. Als weitere Posthalter in Engensen werden Sebastian Graffe und Andrees genannt. Der letzte Engenser Posthalter, Lorenz Sprengel, siedelte nach Schillerslage über. Das dortige Posthaus war aber erst 1786 bezugsfertig. Sprengel zog auch hier den Wegezoll ein und schenkte Bier aus (bevorzugt Bier aus Burgwedel – das Burgdorfer Bier wurde nicht gern getrunken). Schillerslage trug 1780/90 noch den Namen „Schillerschlag" nach dem Zollschlagbaum an dieser Stelle.

Mit seinen Aufgaben in Schillerslage war Sprengel noch nicht ausgelastet. Er hat auch die Zollstelle in Bothfeld in Pacht und liefert Material für den Chausseebau. Nach seinem Tod führte seine Witwe die Posthalterei bis 1825 weiter, dann folgte bis 1857 Sprengels Sohn Georg Sprengel. Letzter Posthalter in Schillerslage wurde 1857 Georg von Brandis, die Aufhebung des Posthauses und des Relais erfolgte 1860.

Celle: Von 1840 bis 1880 versahen hier die Postmeister Hansemann, Reincking, Fahlbusch und Eggeling ihren Dienst. Ab 1780 wurde das Personal aufgestockt. Es dienten zusätzlich zu den Verwaltern Meyer und Röhrs noch vier Schreiber. 1790 wurden vier Verwalter und drei Schreiber beschäftigt, und 1800 waren außer dem Postmeister Mylius je vier Verwalter und Sekretäre vermerkt. 1820 wirkte hier ein Oberpostmeister mit zwei Verwaltern, 1830 aber der Oberpostmeister Albrecht, der Postmeister Bacmeister und sieben weitere Beamte.

Die Postverbindung zwischen Hannover und Celle

Reitende Post für Briefe: Von 1740 bis 1820 verkehrten die Boten der Reitenden Post dienstags und freitags in beide Richtungen. Um 1800 wurde außer der hannoverschen Post noch die „das Reichsfelleisen führende Post" vermerkt. Ab

1820 geschah die Briefbeförderung dann fünf Mal pro Woche, ab 1845 täglich und montags sogar zweimalig.

Fahrende Post für Reisende und Gepäck: Sie verkehrte vor 1745 in beide Richtungen nur mittwochs, 1740-1840 am Sonntag und Donnerstag, danach täglich. Im Jahre 1850 war der Betrieb schon auf vier Fahrten pro Tag angestiegen. Abfahrtszeiten: Um 1710 fuhr die Post um 22 Uhr in Hannover ab und erreichte Celle um 6 Uhr des nächsten Morgens mit einer Stunde Rast in Engensen. Die Postillione hatten ihre Zeiten mit Stundenzetteln zu belegen. Schon eine halbe Stunde Säumnis kostete acht Gutegroschen als Strafe, bei Weigerung der Zahlung drohte Gefängnis.

Die Posttarife

1682. Die Personenbeförderung kostete pro Person von Hannover nach Celle oder umgekehrt zwölf Gutegroschen, ein Brief acht Pfennige. Der Gepäcktarif war gestaffelt. Pro Pfund waren auf den ersten vier Meilen acht Pfennige, bis 12 Meilen zwei Gutegroschen, bis 18 Meilen drei Gutegroschen zu entrichten.

1771. Im Wesentlichen waren die Taxen gleich geblieben, doch Personen bezahlten in der Extrapost drei Gutegroschen mehr, bei Bespannung mit zwei Pferden und das Dreifache bei Bespannung mit sechs Pferden. Die Reisenden hatten noch ein „Chausseegeld" zu zahlen. Wenn sie ihren Belegschein verloren hatten, war an der nächsten Zahlstelle der doppelte Betrag fällig.

1830. Ein Brief bis zu einem Lot Gewicht (= 16-17 Gramm) kostete bis zwei Meilen sechs Pfennige, bis vier Meilen neun Pfennige, bis acht Meilen einen Gutengroschen und sechs Pfennige. Ein Reisender ohne Gepäck zahlte sechs Gutegroschen, mit Gepäck sieben Gutegroschen pro Meile. Es waren noch Trinkgelder für den Wagenmeister und Postillion zu entrichten, dazu ein „Schmiergeld" von zwei Gutegroschen zum Kauf von Achsenfett.

Die Post- und Wegeordnungen

Die Postordnung von 1682 umfasste 26 Punkte, die den Betrieb, das Verhalten der Bedienten und Schadenfälle regeln sollten. Besondere Aufmerksamkeit war dem Verhalten der Postillione gewidmet. Diese hatten genaue Zeiten einzuhalten und durften keine Nebenwege benutzen. Vor allem durften sie keine Reisenden oder Gepäck „schwarz" ohne Bezahlung mitnehmen. Diese „Unterschleife" müssen wohl oft vorgekommen sein, denn in späteren Ordnungen (1747, 1755, 1771) wird hier ausdrücklich strenge Bestrafung angedroht. So erhielt beispielsweise im Jahre 1808 der Schillerslager Postillion Leopold wegen illegaler Mitnahme von zwei Reisenden drei Tage Gefängnis aufgebrummt.

Die Postkutschen hatten Vorrang vor dem übrigen Verkehr. Wenn die Postillione in ihr Horn bliesen, musste ausgewichen werden, sonst waren zehn Taler Strafe fällig. Für die Gepäckbeförderung galt, dass die Stücke in Listen notiert wurden, die man miteinander verglich. Dies galt für Briefe, Pakete sowie für „Kästgens und Pretiosa". Auch für die Erhaltung der Straßen galten Reglements.

Georg der Andere, von Gottes Gnaden König von Groß-Britannien / Franckreich und Irrland, Beschützer des Glaubens, Hertzog zu Braunschw. und Lüneb. des Heil. Röm. Reichs Ertz-Schatzmeister und Chur-Fürst/ ꝛc.

Wir haben zwar unterm 21ten Jan. dieses Jahrs Unsere gnädigste Willens-Meynung dahin *declariret*, daß die Postmeistere und Posthaltere in denen Städten, ob sie gleich nach der Post-Ordnung *de Anno* 1682. von der würcklichen Einquartierung befreyet seyn, das gewöhnliche *Service*-Geld Nachbahr gleich entrichten sollen.

Nachdem Uns aber ein und andere Umstände nachher vorgekommen, welche Uns bewogen, sothane Unsere Willens-Meynung auf gewisse Maasse zu ändern und zu erläutern; So thun Wir solches hiemit, verordnen und wollen, daß zwar die Postmeistere und Posthaltere in denen Städten, *ratione* ihrer eigenthümlichen Häuser, worinn sie ihr Post-*Contoir* halten, so wol von der würcklichen Einquartierung, als von Erlegung des davon gebührenden *Service*-Geldes befreyet: jedoch *ratione* der etwa zugleich treibenden bürgerlichen Nahrung, oder auch auf denen Häusern hafftenden Brau-Gerechtigkeit, imgleichen wegen ihrer Ländereyen, Wiesen und Garten, einen *proportionirten* ihren Nachbahren gleichen Beytrag unterwürffig seyn sollen; Es verstehet sich aber von selbsten, daß die *Logir*- und Bewirthung derer bey der Post durchreisenden *Passagirer* in denen Post-Häusern, für keine besondere bürgerliche Nahrung, wovon das *Service*-Geld abgetragen werden müsse, zu rechnen seye.   Gegeben Hannover den 27. *Maij.* 1733.

Ad Mandatum Regis
& Electoris proprium.
L. A. v. Hardenberg.

Abb. 36: Fürstlich-Braunschweig-Lüneburgische Post-Ordnung vom 27. Mai 1733.
Extract davon zu erwerben beim Stadtarchiv Braunschweig

Die Ordnung von 1797 für das Fürstentum Lüneburg regelte die Tarife an den Wegegeldstellen. Hier verlangte man für Frachtwagen und gewöhnliche Postwagen pro Pferd einen Mariengroschen, für Reisende vier Pfennige und für Vieh zwei Pfennige pro Stück. Dieselbe Ordnung umfasste 14 Punkte unter anderem für Hand- und Spanndienste, das Verhalten bei Viehtrieb, das Räumen bei Eis und Schnee sowie das Verhalten der Wegewärter. Zu letzterem sei notiert, dass man 1802 den Chausseewärter Kolshorn aus Altwarmbüchen wegen „Herumtreibens in Wirtshäusern" bestrafte.

Literatur

Matthias Blazek: „Die Poststraße von Celle nach Hannover oder: Der Traum von einstiger Romantik – Bis ins Jahr 1785 führte der Hauptverkehrsweg über stellenweise hundert Meter breite Straßen erster Ordnung", Sachsenspiegel 3 und 4, Cellesche Zeitung vom 21.01.2006 und 28.01.2006

Georg Heinrich von Hinüber: Historische Nachrichten, den Anfang und Zustand des Postwesens im Stifte Hildesheim, braunschweigischen, brandenburgischen, hessencasselschen, bremischen und andern benachbarten Landen von 1636 bis 1670 betreffend, mit churfürstlichen und fürstlichen Gnadenbriefen belegt, Frankfurt und Leipzig 1760

Klaus Mlynek, Waldemar R. Röhrbein (Hrsg.): Geschichte der Stadt Hannover, zwei Bde., Bd. 1: Von den Anfängen bis zum Beginn des 19. Jahrhunderts, Bd. 2: Vom Beginn des 19. Jahrhunderts bis in die Gegenwart, Hannover 1992

Arnold Nöldeke: Die Kunstdenkmäler der Provinz Hannover, Heft 2: Stadt Hannover, Teil 1: Denkmäler des „alten" Stadtgebietes Hannover, Hannover 1932, Neudruck: Wenner, Osnabrück 1979. ISBN 3-87898-151-1

Heinrich Heinecke, Günter Witzel, Matthias Blazek (Bearb.): Schillerslage – Chronik eines Lüneburger Dorfes, Burgdorf 2005

Quellen

Akten des Niedersächsischen Landesarchivs -Hauptstaatsarchiv Hannover- (Bestände Cal. Br. 23, Celle Br. 61a, Celle Br. 102, Hann. 74 Burgdorf I, Hann. 74 Burgwedel, Hann. 80 Hannover, Hann. 109)

Adressbuch der Stadt Hannover 1800-1850

Hannoverscher Staatskalender 1737-1860

22
Alte Straßen und Wege über den Deister

Wer heutzutage den Deister mit dem Auto überquert, bemerkt höchstens an den Kurven bei Nienstedt, Eimbeckhausen und Egestorf, dass er sich in einem Mittelgebirge befindet. Der Reisende der früheren autolosen Zeit hatte dagegen erhebliche Schwierigkeiten. Egal, ob mit Pferdewagen oder zu Fuß mit Last unterwegs, erforderte der Deister großen Kraftaufwand. Die älteren Straßen waren zudem nicht in Kraft sparendem Kurvenanstieg angelegt, sondern gingen die Höhe in kürzester Strecke an. Vor der Mitte des 18. Jahrhunderts waren nur Naturstraßen vorhanden, die von den Bewohnern der anliegenden Gemeinden notdürftig in Stand gehalten wurde. Erst 1764 begann mit der Errichtung einer staatlichen Wegebaubehörde ein planmäßiger Ausbau im Königreich Hannover, zuerst der Chausseen, um 1830 der Landstraßen.

Abb. 37: Durchlass von 1780 an der Chaussee von Hannover nach Celle (in Adelheidsdorf), 1988 entdeckt und freigelegt. Auf der dem Fahrradweg zugewandten Seite sind die Initialen des königlichen Namenszuges „G. R. (Georg Rex) III." mit der aufgesetzten Königskrone erkennbar, an der Fahrbahnseite die Radabweiser. Foto: Blazek

So baute man die alten Straßen

Nach dem Siebenjährigen Krieg war die Neuanlage von Straßen unumgänglich. Man erbaute nach französischem Vorbild Chausseen. Das Wort „Chaussee" stammt von dem Italienischen „via calceata" und bedeutet Kalksteinweg. In den Mittelmeerländern wurde meist auch Kalkstein verbaut, in unserem Gebiet verwendete man, wenn vorhanden, das örtliche Gestein. Nach Klärung der Grundverhältnisse, Räumung des Geländes, Absteckung der Trasse und Erstellung der ersten Materialmengen begann der Bau. Die Materialfrage war im Bergland leichter lösbar als im Flachland, waren hier doch Festgesteine gewinnbar, meist in nicht weit von den Bauplätzen angelegten Steinbrüchen. Bei einer Grundstücksbreite von 12 bis 14 Metern wurden nur drei, fünf bis vier, fünf Meter als Steinschlagbahn erbaut. Auf die grobsteinige Packlage kamen Schotter und Grand (Kies), dann feine Steine. Die Verdichtung kam durch den Wagenverkehr zustande, erst nach 1850 wurden Walzen eingesetzt. Neben der Steinbahn entstanden Sommer- und Fußwege. Wasserläufe wurden durch Steinbrücken überwunden. Sie trugen auf der einen Seite einen Schlussstein mit dem königlichen Emblem, auf der Gegenseite Jahreszahl und Inschrift der Behörde.

Die Benutzung des festen Fahrweges unterlag genauen Vorschriften. Um die Bildung von Rinnen und Gleisen zu verhindern, war das Spurfahren verboten, auch das Verhältnis von Radabstand zu Last war vorgeschrieben. Trotzdem verdarb die starke Belastung die Straßen oft. So berichtete 1838 der Wegbauinspektor Wegbaurat E. Bokelberg nach einer Besichtigung der Chaussee Hannover-Hameln, dass die Grundsteine hervorgetreten, die Decksteine zermahlen und nur noch als Schlamm vorhanden seien. Vor 1841 oblag die Reparatur den anliegenden Gemeinden beziehungsweise die Kosten dafür. Ein Bild von der „Wegebesserung" der Landstraße gibt uns die Geräteliste des Bauführers Reißner für eine 42-köpfige Arbeitsmannschaft:

1 Böschungswinkel 23 kleine Hämmer
8 Stangen 2 große Hämmer
15 Schaufeln 4 Harken
16 Karren 32 Kranzhaken

Die Hand- und Spanndienste

Die Verpflichtung der Bevölkerung bestand seit Erlass einer Wegeordnung im Zeitraum 1638 bis 1841 und war durch Geldzahlung ablösbar. Die Ablösetaxe für Wegedienste sah um 1790 folgende monatliche Zahlungen vor:

Vollmeier 1 Guter Groschen (ggr.), Halbmeier 6 Pfennige, Höflinge 6 Pfennige, Kötner 4 Pfennige, Beibauern 2 Pfennige.

Daher blieb die Handarbeit zumeist an der ärmeren Bevölkerung hängen. Zu den Tätigkeiten zählten: Gewinnung und Transport von Material, Erdarbeiten, Kiessieben und anderes. Besonders „beliebt" war das Zerschlagen von Steinen auf die erforderliche Größe, und man drückte sich davor nach Möglichkeit. Die Dienste waren nicht nur bei Neubauten, sondern auch bei Reparaturen gefordert. Die Bürgermeister hatten die Erfassung und Organisation der Dienste vorzunehmen und Meldung an die Behörden zu erstatten.

Bei der Erfassung der verfügbaren Zugtiere meldete das Amt Wennigsen 1824 1552 Pferde und acht Zugochsen, dazu kamen im adligen Gericht Bredenbeck 49 Pferde und ebenfalls acht Zugochsen. Im gleichen Jahr waren 1861 Handdiensttage zu erfüllen. Es mussten alle Personen und Feuerstellen zur Erfassung der Arbeitskräfte und der Besteuerung gemeldet werden. Als Quittung für geleistete Dienste erhielten die Gemeinden Blechmarken.

Der Bau der Chaussee Hannover-Hameln

Man begann 1764 mit dem Bau unter der Leitung des Capitainlieutenants Anton Heinrich du Plat, einem Bruder des Generals Georg Josua du Plat. Dieser leitete das gesamte Wegebauwesen und erstellte die kurhannoversche Landesaufnahme. Die Kartenwerke beider Brüder ähneln sich sehr. Die Bauaufsicht hatte der Guide (Chausseeinspektor) Seweloh. Das Steinmaterial stammte aus nahe gelegenen Steinbrüchen. Das waren bei Hannover die Brüche am Tönniesberg und am Ronnenberger Gipsberg, dann folgten der Weetzener und Holtenser Berg, Direkt am Deister wurde am Steinkrug ein neuer Bruch eröffnet. Leider fielen dabei auch Teile der Bennigser Burg dem Bau zum Opfer. Für den Materialnachschub waren nördlich des Deisters die Gogrefen Schaaf (Ronnenberg und Wettbergen), Baxmann (Holtensen) und Berckelmann (Lemmie) verantwortlich. 1777 wurden 2303 Handdienste benötigt. Die ersten beiden Meilen der Chaussee erforderten 4539 Fuder (= 4243 Kubikmeter) Grand (Kies) und 445 Faden (1780 Kubikmeter) an Steinen. 1779 trat starker Schaden durch Vandalismus auf. Unbekannte hatten am 17. Oktober alle Fugenklammern der Brücken heraus gebrochen und Meilensteine umgestürzt. Es wurden Belohnungen zur Ergreifung der Täter ausgesetzt und mit Festungshaft gedroht.

Zur Randbepflanzung setzte man Bäume der Baumschulen in Weetzen und Montbrillant (Hannover) ein.

Das Ende der Bauarbeiten ist mit 1782 anzunehmen. 1814 folgte noch eine Klage des Besitzers des Herbstschen Vollmeierhofes in Evestorf, Schwerdtfeger, mit der Begründung, man habe 1780 die Chaussee durch seine Ländereien gezogen und die vereinbarte jährliche Entschädigung von drei Talern nur bis 1811 bezahlt.

Die Chaussee verlief ab dem Deisterkamm entlang des Daberges oberhalb von Völksen und dann abwärts „In der Stiege" bis zur ehemaligen Kaiserrampe. 1833 wurde vom Dorf Völksen aufwärts zur Chaussee ein Kommunikationsweg gebaut.

Der Bau der Straßen Lauenau-Nienstedt, Eimbeckhausen-Nienstedt und Nienstedt-Egestorf-Ditterke

Während über den Bau der Chaussee Hannover-Hameln wenig Aktenmaterial vorliegt, ist der Aktenbestand betr. der o. g. Straßen erheblich größer. Als sich die Grafschaft Schaumburg, zu Hessen gehörend, dem Zollverein mit Preußen anschloss, gerieten die Gemeinden des hannoverschen Amts Lauenau in geografisches und wirtschaftliches Abseits. Um Güter nach Hannover zu bringen, musste man im hessischen Rodenberg Wegegeld, Zoll und ein zusätzliches Pflastergeld bezahlen. Noch behalf man sich mit Wegebesserungen an der bestehenden Straße über den Deister, besonders an der sumpfigen Stelle oberhalb von Nienstedt, dem „Bohlweg".

Besonders hinderlich war die Verweigerung der Dörfer Messenkamp, Hülsede, Eimbeckhausen und Feggendorf für Dienstleistungen mit der Begründung, dass der Weg zur Arbeitsstelle zu wäre und die Arbeit an den eigenen Straßen darunter leide. 1839 unterbreitete der Wegebauinspektor Bokelberg seinen Plan. eine möglichst kurze Verbindung von Hohenbostel über Feggendorf nach Lauenau unter Ausnutzung der bestehenden Bergwerksstraßen zu den Gruben von Hohenbostel und Feggendorf zu schaffen. Bokelberg gelang es, die Landdrostei Hannover und die Wegebaukommission mit seinen Argumenten des kurzen Weges und der geringeren Kosten (12219 Reichstaler) hinter sich zu bringen. Auf der Gegenseite vertraten der Amtmann Hagemann, der Bergmeister Stopp und mehrere Gemeinden den Straßenbau über Nienstedt. Das Innenministerium entschied die Sache mit der Bestimmung der Nienstedter Strecke in der Zeit von ca. sechs Jahren. Der erste Teil begann 1844 in Lauenau unter Leitung des Bauführers Lange, nach 1847 von Reißner. Der erste Bauabschnitt von 735 Ruten (= 3,62 Kilometer) sollte 3134 Taler kosten und 1060 Spanndienste sowie 5150 Handdienste erfordern. Die Dienste wurden von den Dörfern des nördlichen Suntals erhoben. Eine besonders harte Nuss war das Gelände am Kappenberg zwischen Nienstedt und Messenkamp, wo Dammaufschüttungen, aber auch Abtragungen von starken Steinbänken vorzunehmen sind. Der zweite Bauabschnitt begann in Eimbeckhausen mit 880 Ruten = 4,11 Kilometer Länge. Geplant waren Ausgaben von 2934 Talern. 580 Spanndiensttage mit je vier Pferden und 4056 Handdiensttage. Hier gewann man Kantensteine aus einem Steinbruch im Winningstal. Es wurden auch Handwerker der umliegenden Orte beschäftigt, zum Beispiel die Schmiede Krumfuß und Wehrhahn aus Nienstedt und Eimbeckhausen, der Rademacher Voß aus Messenkamp und der Tischler Wellner aus Eimbeckhausen.

Der Baufortschritt richtete sich immer nach dem Eingang der bewilligten Gelder der verschiedensten Behörden, dauert also länger als geplant. Wenn es mal wieder nicht voranging, nahm man Anleihen bei der Bevölkerung auf. So kamen zum Beispiel 1845 im Amt Lauenau 4500 Taler zusammen, im Durchschnitt 200-300 Taler, was auf ein gutes Einkommen der Großbauern hinweist.

1845 begann man mit der Abholzung für die Anlegung der Serpentinen am Brandesgrund oberhalb von Egestorf. Hier nahm der alte Weg die direkte Steigung zur Passhöhe. Aus dem Plan des Bauführers Lange mit drei Varianten wurde der heutige Verlauf ausgewählt.

1847 trieb man die Chaussierung bis zur ersten Höhe des Kappenberges unter dem Messenkamper Aufseher Gott voran und schüttete für die Sumpfstrecke am Bohlweg einen Steindamm auf. Dieser Damm mit einer Brücke ist noch heute erhalten neben der jetzigen Straße. Der Bau zog sich bis 1853 hin und erforderte um 1865 starke Reparaturarbeiten.

Weitere Straßen und Fußwege

Der Kommunikationsweg zwischen Feggendorf und Barsinghausen

Diese, an der Kreuzbuche über den Deisterkamm führende Straße war 1831 stark ruiniert und musste auf Kosten der Forstkasse repariert werden. Es hieß, dass die Fuhrknechte sich in Barsinghausen betrinken würden und deshalb aus Mangel an Aufmerksamkeit die Spurrillen entstünden. Die Forstinspektion Bönnigsen sperrte kurzerhand die Straße für die Einwohner des hessischen Amts Rodenberg. Auf deren Einspruch hin ließ das hannoversche Innenministerium die Sperre wieder aufheben und man einigte sich auf ein Verbot der Steinkohlenfuhren, besonders der privaten Bergwerksbesitzer wie Blume aus Barsinghausen.

Die hannoversche beziehungsweise Springer Heerstraße

Sie führte von Sorsum über den Drosselkrug bei Argestorf und überquerte den Deisterkamm am Taternpfahl. Die erste Nennung erfolgte 1599 auf Karten. Die Straße wurde um 1870 aufgegeben.

Die Mündersche Heerstraße

Die erste Erwähnung datiert 1722, aber die Straße ist wahrscheinlich viel älter. Sie war um 1835 durch Gleisbildung so ruiniert, dass man wegen der Zahlungsunfähigkeit des Amts Wennigsen zur Reparatur den Verkehr auf die Chaussee über den Steinkrug umlegte.

Die ursprüngliche Straße führte von Wennigsen über die „Laube" und Köllnischfeld nach Münder. Zahlreiche Straßen, zumeist Stichstraßen, erschlossen auf der Ostseite des Deisters die Kohlengruben.

Die Fußwege

Viele Wege der Bergleute zu ihren Arbeitsplätzen überquerten das Gebirge. Laut Wittkops Buch über Nienstedt waren den Nienstedter Bergleuten folgende Wege vorgeschrieben: 1. zu den Bergwerken am Bröhn der Quatemberweg, 2. nach Barsinghausen der Herrendienstweg, 3. zum Bergwerk am Süerßerbrink über den Bohlweg und den Berg Höfeler. Es waren große Umwege vorgeschrieben, um das herrschaftliche Wild nicht zu stören, vielleicht auch, um Unfälle zu vermeiden.

Abb. 38: Reste der Münder Heerstraße nahe Köllnischfeld (2010).

Zahlreiche Fußwege überqueren den Deister. Die Flurnamenlexika von Heinz Weber verzeichnen etwa 20 Wege. Bei einigen Wegen ist der Zweck der Nutzung aus dem Namen erkennbar, so beispielsweise beim Bierweg, auf dem nach 1825 Barsinghäuser Bier zu den Dörfern auf der westlichen Gebirgsseite gelangte. Umgekehrt erreichten ab 1678 die Nienstedter auf dem Nienstedter Kirchweg den Gottesdienst in Barsinghausen. Noch einige Wege seien genannt: Stellweg Barsinghausen-Rodenberg (ab 1698), Sankt-Annen-Pfad Nienstedt-Barsinghausen (ab 1678), Alter Mühlenweg Barsinghausen-Nienstedt (ab 1710), Bredenbeck-Springer Stieg (ab 1603). Einige Wege werden noch als Wander- und Spazierwege genutzt.

Wegegelder und Hebestellen

Als Beitrag zur Instandhaltung erhoben die Behörden Weggelder (Wegegelder), später Chausseegelder. Ausgenommen davon blieben Amts- und Militärpersonen. In Einzelfällen erhielten Gemeinden Befreiung, zum Beispiel 1814 Völksen. 1833 argumentierte das Dorf Sorsum vergeblich mit den Ausgaben für die Kohlenstraße. Zeitweilig wurden 1834 Fuhrwerke mit Kunstdünger von der Zahlung ausgenommen. Auf der Chaussee Hannover-Hameln trieb man das Wegegeld an fünf Barrierehäusern mit Schlagbäumen ein: vor Linden, in Wettbergen, Holtensen, Altenhagen I und Rohrsen. Bei der Passage erhielten die Betroffenen Gebührenzettel, die sie an der nächsten Barriere vorzeigen mussten.

Tarife 1772 in Mariengroschen (mgr.)/Pfennigen (Pfg.)
auf der Chaussee Hannover-Hameln

Fuhrwerke pro einzelnes Pferd	4 Mariengroschen 4 Pfennig
Fuhrwerke pro weiteres Pferd	4 Pfennig
Fuhrwerke mehr als 4 Pferde, pro Pferd	1 Mariengroschen
Extrapost/Dienstfuhre pro Pferd oder Maultier	6 Pfennig
Reiter mit Pferd oder Maultier	4 Pfennig
Koppelpferde, Maultiere, Esel, Hornvieh pro Stück	2 Pfennig
Nutzvieh pro Stück	1 Pfennig
Trift pro Stück	1 Mariengroschen 4 Pfennig

Die Hebestellen wurden auch an den Landstraßen eingerichtet. Sie befanden sich im Deisterbereich in Wennigsen, Münder, Eimbeckhausen, Lauenau, Brullsen und Nienstedt. Im Amt Springe nahm man 1858-1871 insgesamt 8815 Taler an den Barrieren ein, davon in Nienstedt 561 Taler. In Nienstedt war die Hebestelle ab 1868 an den Einwohner Nagel verpachtet, der monatlich einen Silbergroschen und zehn Prozent der Einnahmen bekam. In Altenhagen I zog zu dieser Zeit der Einwohner Kranz die Chausseegelder ein. Wenn die Einnahmen nicht zur Wegebesserung ausreichten, nahm der Staat Anleihen auf, so 1868, als Private in und um Eimbeckhausen 7200 Taler aufbrachten.

Man sollte annehmen, dass die Wegegelderhebung nicht die Wende zum 20. Jahrhundert erreicht hätte, sie dauerte aber bis etwa 1923.

Die Post auf der Chaussee Hannover-Hameln

Nach Fertigstellung der Chaussee wurde ein geregelter Postdienst eingerichtet. Es verkehrten reitende Boten sowie öffentliche und private Kutschenlinien. Die reitenden Boten verließen Hameln am Sonntag und Donnerstag um 8 Uhr, sie erreichten Hannover um 17 Uhr. Eine private Linie (der Piepersche Wagen) verkehrte zweimal pro Woche zwischen Hannover und Münder.

Abb. 39-41: Im Jahre 1785 wurde die neue Postchaussee von Hannover über Schillerslage nach Celle komplett fertig gestellt und dem öffentlichen Verkehr freigegeben. Damals standen allein an dieser Strecke drei Postmeilensteine. Sie waren aus Obernkirchener Sandstein errichtet, hatten die Form von Obelisken im Stil des Klassizismus und dienten als Hoheitszeichen der Entfernungsmarke der staatlichen Kunstchaussee. Der letzte dieser Steine hat bis 1955 in Höhe des Anwesens von Heinrich Duensing in Ehlershausen gestanden. Dann musste er aber dem Neubau einer Überführung über die Bahnstrecke weichen. Das Straßenbauamt Celle nahm den Stein mit, heute steht er vor der Zentrale der Landesbehörde für Straßenbau und Verkehr an der Göttinger Chaussee in Hannover (rechte Zeichnung und Foto unten). Eine Nachbildung steht heute am Ehlershäuser Bahnhof.

Foto oben: Meilenstein an der alten B 3 in Altwarmbüchen. Fotos und Repros (3): Blazek

Tarife der Postkutschen

Die Passagiere hatten an die Postillione und an die Wagenmeister der Stationen getrennt zu bezahlen:

An die Postillione – mit ordinärer Post = 2 Gutegroschen,
mit Extrapost, 2 Pferden, 2-3 Meilen = 6 Gutegroschen
mit 2 Pferden, 4-5 Meilen = 7 Gutegroschen
mit 4 Pferden, 2-3 Meilen = 8 Gutegroschen
mit 4 Pferden, 4-5 Meilen = 9 Gutegroschen
mit 2, 6 Pferden, 2-3 Meilen = 16 Gutegroschen
mit 6 Pferden, 4-5 Meilen = 18 Gutegroschen

An die Wagenmeister Trinkgeld: von Passagieren ohne Gepäck 1 Gutergroschen, mit Gepäck = 2 Gutegroschen, zusätzlich bei Extrapost – mit 2 Pferden = 3 Gutegroschen, mit 4 Pferden = 4 Gutegroschen, mit 6 Pferden = 6 Gutegroschen.

Der Warenverkehr auf den alten Straßen

Hier wurde nur in wenigen Fällen Bericht gegeben, zum Beispiel 1881/82 aus Nienstedt über die Auslastung der Straßen Nienstedt-Messenkamp beziehungsweise Nienstedt-Eimbeckhausen. In Richtung Messenkamp wurden 894 Fahrten gemeldet, meist mit einem Pferd. Die Ladung bestand aus Steinkohle, Holzkohle, Steinen und anderen Baustoffen. In Richtung Eimbeckhausen vermerkte man 423 Fahrten mit ähnlicher Ladung. Die Steinkohle stammte aus dem Bergwerk Hohe Warte in der Nähe des Nienstedter Passes. Bezeugt sind auch Salztransporte der Münder Saline, sowohl durch Träger als auch Pferdewagen. Die Träger beförderten das Salz auf dem „Soltpad" nach Barsinghausen über Nettelrede und Nienstedt. Salz für das Kloster Wennigsen gelangte auf der Hannoverschen Heerstraße über den Deister. In der Nähe des Taternpfahls befanden sich mit der Sölterwiese und der Sölterquelle zwei Rastplätze der Salzfahrer. Die Salztransporte hatten 1870 nach einem Ablöserezess ihr Ende.

Literatur

Udo Baldermann: Die Entwicklung des Straßenwesens in Niedersachsen von 1768 bis 1968, Veröffentlichungen des niedersächsischen Instituts für Landeskunde und Landesentwicklung an der Universität Göttingen, Hildesheim 1968
Karl August Damm (Hrsg.): Die Straßen im Lande Niedersachsen, Cramer, Hannover 1964
Sabine Hindelang, Peter Walther: „Von der Wegbauintendance zum Landesamt für Straßenbau (1764-1989)", in: Es begann mit 12000 Talern, Hannover 1989
Anton Heinrich du Plat: Situationsriß der neuerbauten Chausseen des Churfürstenthums Braunschweig-Lüneburg, Teil I = Die Chaussee von Hannover auf Hameln (1780, Nachdruck 1985)
Fritz Strecker: Das Wegewesen in der Provinz Hannover, Phil. Dissertation, Heidelberg 1912
Heinz Weber/Landkreis Hannover: Flurnamenlexika des Landkreises Hannover, Hannover 1982-1997

Quellen

Akten des Niedersächsischen Landesarchivs -Hauptstaatsarchiv Hannover- (Bestände Hann. 74 Calenberg, Hann. 74 Springe, Hann. 74 Wennigsen, Hann. 75, Hann. 90 Hannover, Hann. 88 A, Hann. 93, Hann. 109, Hann. 122 a, Hann. 174 Springe)

23
Die Leineschifffahrt

Nach über 200-jährigem Stillstand wurde die Leineschifffahrt 1740 nach Erkundung und Vorarbeiten wieder in Gang gesetzt. Es entwickelte sich ein lebhafter Güterverkehr zwischen Hannover und Bremen, der 1840 bis 1855 seinen Höhepunkt erreichte. Der oft in der Literatur angegebenen Behauptung, die Leineschifffahrt sei 1860 erloschen, muss widersprochen werden. Der Niedergang erfolgte ab 1890 durch die Konkurrenz der Eisenbahn und des verbesserte Straßennetzes. Der starke Anstieg der Gütermengen wäre von der Schifffahrt nur bewältigt worden, wenn ein intensiver Flussausbau die Abhängigkeit von dem schwankenden Wasserstand beseitigt hätte. Dieser trat jedoch nicht ein, und so blieb uns eine intakte Flusslandschaft erhalten.

Mit diesem Bericht soll an die schwere Arbeit der Schiffsleute und der Wasserbauer erinnert werden.

Die Wiederaufnahme der Schifffahrt im 18. Jahrhundert

Der Schiffsverkehr zwischen Hannover und Bremen, der 1370 eingesetzt hatte, war kurz nach 1500 zum Erliegen gekommen. Schuld daran waren die Rivalitäten der Landesherren und der Städte Braunschweig, Lüneburg und Celle untereinander. Der Fluss versandete, weil keine Wasserbauarbeiten durchgeführt wurden, und der Dreißigjährige Krieg besorgte den Rest. Der Rat der Stadt Hannover bemühte sich im August 1637 bei Herzog Georg um Unterstützung, „dass Seine Fürstlichen Gnaden gewillet seyn möge, die Navigation auff Bremen anzurichten, so vor vielen Jahren gesagter Privilegia anhängig seyn mögte". Die Stadt war bereit, 20000 Taler als Pfand zu geben, doch Seine Majestät winkte ab.

1654 und 1683 befahl die Regierung in Hannover die Aufräumung der Uferstreifen für den Pferdezug bei der Bergfahrt. Dies fand jedoch keinen Widerhall; denn bis 1708 liegen keine Berichte über Schiffsverkehr vor.

Die Erkundungsfahrt des Kapitäns Butterini 1708 ergab die Erkenntnis, dass viele Hindernisse wie Sandbänke und Bäume zu beseitigen waren.

1718-1720 wurde der Herrenhäuser Schleusenkanal, der Vorläufer des Ernst-August-Kanals, gegraben. Dazu wurde die hannoversche Garnison herangezogen. Der Kanal hatte 3000 Fuß Länge und soll 70000 Taler gekostet haben. Anhand eines Risses eines unbekannten Zeichners sind eine Sohlenbreite von 90 Fuß und eine Wassertiefe von 23 Fuß ablesbar. Dieser Bau zeitigte noch keine direkten Folgen, jedoch wurden die Regierung und der Magistrat in Hannover aktiver. Die Regierung beauftragte 1738 den Geheimen Kanzleirat Voigt mit der Befahrung der Leine bis zur Aller. Mit von der Partie waren der Artillerieleutnant Sosgelegen, der Landbaumeister Vick und der Zolleinnehmer Focke. Als Ergebnis wurde empfohlen, das Fahrwasser zu räumen, die Schleuse in Neustadt zu reparieren und die in Herrenhausen bestehende Schleuse zu modernisieren.

Die Kosten von 25000 Talern könnten durch Schleusengebühren mit neun Mariengroschen pro Fuß Schiffsbreite aufgebracht werden. Der Vergleich der Einnahmen an den fünf Wasserzollstätten ergäbe eine mögliche Mehreinnahme von 90-110 Talern pro Schiffsladung.

Besonders war die Kaufmannschaft Hannovers und Bürgermeister Grupen an der Wiederaufnahme des Schiffsverkehrs gelegen, denn der Warentransport zu lande war zu langwierig und zu teuer geworden. Das Jahr 1740 kann man dann zu Recht als Wiederbeginn der Leineschifffahrt bezeichnen.

1740 brachte der Bremer Schiffer Jobst Wulff die erste größere Ladung nach Hannover. Die Bevölkerung begrüßte ihn mit großem Jubel und König Georg II ließ ihm zwei Medaillen überreichen.

Die hannoverschen Kaufleute sahen 1743 bei einer Zusammenkunft die Aussichten als überaus positiv an. Man vermerkte als Ausfuhrgüter besonders Quadersteine, die in Bremen gut absetzbar waren und die Metalle der Königlichen Bergwarenhandlung. Als Einfuhrgüter notierte man Bremer Wolle und Leinen.

Es wurden noch mehrfach Inspektionen des Flusses vorgenommen: 1741 durch den Amtmann Kücken und den Schiffer Wulff, 1764 sogar zweimal, zuerst durch den Amtmann Isenbart, den Neustädter Schleusenmeister Buchholz und den Schlachtmeister (Wasserbauer) Göing, zum anderen Mal durch Amtmann v. Wüllen, Auditor Rathleff, Hausvoigt Bartling und vorgenannten Buchholz. Auch wurde 1748 die Neustädter Schleuse für 1903 Taler überholt.

Ein besonders gefährlicher Punkt für die Schifffahrt war das Wehr von Bothmer, an dem viele Schiffe verunglückten.

Die Regierung veranlasste 1753 die Umsiedlung des hannoverschen Hafenplatzes an das Lindener Ihme-Ufer.

Der Neustädter Schleusenmeister Buchholz betrieb selbst Frachtschiffe. 1755 wurde er von Bremer Schiffern bedroht, die ihm sein Schiff aus Konkurrenzneid zerschlagen wollten. Sein Sohn Karl Buchholz wollte 1772 bei einem Unglück mit zwei Schiffen angeblich 18 Pferde verloren und dadurch 2000 Taler Schulden gemacht haben.

Von 1790 ist eine Liste von waren überliefert, die von Bremen nach Hannover gelangte: 2091 Zentner Kaffee, 688 Zentner Zucker, 2325 Zentner Tabak, 5738 Zentner Reis, 7781 Zentner Sirup, 479 Zentner Butter, 2456 Zentner Tran, 675 Zentner Talg, 942 Zentner englische Steinkohlen, 413 Kisten Kandis, 2152 Oxhoft Wein (1 Oxhoft = 226 Liter).

Ergänzendes: a. über Verwaltung, Wasserbau und Zölle

Vor 1823 wurden Baumaßnahmen von den unteren Beamten der Landdrosteien, wie Stackmeister und Schlachtmeistern (von Schlagd = Schlagen), ausgeübt. Bekannte Namen von Wasserbauern sind einige Mitglieder der Familie Göing aus Bordenau, sowie die Ingenieurhauptleute Zorn und Schubert. 1823 wurde die Verwaltung durch die Gründung der Generaldirektion des Wasserbaus zentralisiert in der für die Leine die Inspektionen Hannover, Wunstorf und Neustadt zuständig waren. 1869 unterstellte die Provinzialregierung den Wasserbau der Leine dem Strombaukreis Nienburg.

b. über den Linienzug und die Leinpfade

Der Schiffszug bergwärts wurde ursprünglich von angeworbenen Linienzieher-gruppen (Leinenzieher), die nach Weglänge, Flussbeschaffenheit, Wetter und Wirtschaftslage unterschiedlich bezahlt wurden. War der Schiffer in Zeitnot und wollte die Zieher zu größerer Eile anspornen, so musste er schon mal ein „Ta-felbier" ausgeben. Die Linienzieher stammten aus der armen Bevölkerungs-schicht und waren unbedingt auf diesen Verdienst angewiesen. Deshalb stieß die Einführung des Pferdezugs auf Widerstand und führte 1831 bei Achim sogar zu offener Rebellion.

Die harte Arbeit der Linienzieher dauerte, solange Tageslicht herrschte. Auf dem Weg mussten die Leinen mit Stangen über Hecken und Zäune gehoben werden. Oft wurden Grundstücke beschädigt, besonders beim Pferdezug, was zu unendlich vielen Klagen führte. Deshalb wurden ab 1814 vereidigte Achtsleute dazu angestellt, die Schäden am Ort zu taxieren hatten. Die Schäden und die Gebühren der Achtsleute hatte der Schiffer zu zahlen. Seitdem sank die Zahl der Schadensfälle beträchtlich.

Beim Pferdezug war ein Triftgeld für die Benutzung des Leinpfades und eine Gebühr für das Übersetzen der Pferde auf das andere Ufer an den sog. Überfall-stationen fällig, die ab 1825 an der Zollstation Dreye vor Bremen eingezogen wurden.

Über die Schiffstypen

Ab 1700 fuhren im Gebiet von Weser und ihrer Nebenflüsse Böcke, Achterhän-ge und Bullen. Die Namen leiten sich von Buchen und Bohlen ab.

	Länge m	Breite m	Tiefgang m	Ladung t
Bock	34-36	2,5-2,6	1,5-1,6	56-64
Achterhang	31-34	1,9-2, 3	1,4	50-60
Bulle	22-25	1, 3-1, 4	0,9	16-20

Dazu kamen noch die so genannten Dielenschiffe, auch Moorschiffe oder Peer-schiffe genannt, die zum Umsetzen der Pferde diente, wenn der Treidelpfad auf das andere Ufer wechselte.

Die Schiffe des 17. bis 19. Jahrhunderts waren plump gebaut, mussten sie doch Einiges aushalten können. Deshalb besaßen sie nur eine Lebensdauer von 15-20 Jahren. Reparaturen waren schon nach sechs Jahren fällig. die Schiffe verkehr-ten als Züge, der sog. Mast, weil nur das führende Fahrzeug einen Mast besaß. Bei sinkender Wassertiefe konnte die Ladung oft nur die Hälfte betragen. Zur Besatzung eines Schiffszuges zählten drei bis sechs Schiffsknechte.

Die Leineschifffahrt 1757-1857, belegt durch die Schleusengeldregister von Neustadt und Herrenhausen

Ab 1750 wurden die Schleusengelder von Neustadt in Registern jährlich von/bis Mai verzeichnet, von Herrenhausen ab Fertigstellung der zweiten Kammer-schleuse 1769.

Die Tarife der Neustädter Schleuse

1755 bis 1825 zahlte man bei der Bergfahrt pro Fuß Schiffsbreite ein Hauptgeld von 27 Mariengroschen und ein gestaffeltes Nebengeld von 24, 18 und 12 Mariengroschen. Bei Talfahrt betrug die Gebühr die Hälfte der Bergfahrt, leere Schiffe waren kostenlos. 1825-1850 ermäßigte man die Zahlung bei Bergfahrt auf 13 Mariengroschen 8 Pfennig, bei Talfahrt auf 11 Mariengroschen. Die Schiffe mit Baustoffen wurden jetzt mit der halben Gebühr belegt.

Die Tarife der Herrenhäuser Schleuse

Hier bezahlte man 1769 bis 1825 bei Bergfahrt pro Bock 3 Taler 2 Mariengroschen und pro Bullen 1 Taler 13 Mariengroschen, die Talfahrt kostete pro Bock 1 Taler 13 Mariengroschen und pro Bullen 18 Mariengroschen 6 Pfennig 1825-1859 zahlte man bei Bergfahrt pro Bock zwei Taler, pro Bulle 1 Taler, die Talfahrt war auf die Hälfte ermäßigt.

1850 vereinfachte man die Tarife: In jeder Schleuse kostete die Passage eines Bocks mit Kahn 16 Gutegroschen, eines Bullen mit Hinterhang 12 Mariengroschen. 1855 stellte man nochmals um: Außer den bisherigen Abgaben verlangte man pro Schiffspfund (1,25 Tonnen) drei Pfennige mehr.

Notierung der berggehenden Schiffe

	Böcke	Bullen	Achterhänge		Böcke	Bullen	Achterhänge
1752	26	34	-	1820	70	74	-
1760	16	14	-	1823	38	38	-
1770	32	45	9	1830	36	36	-
1780	22	38	14	1835	32	39	-
1790	34	42	18	1840	35	25	-
1800	37	34	-	1843	97	97	-
1805	35	35	-	1850	82	56	-
1815	61	66	-	1855	76	88	-

Gesamteinnahmen und -ausgaben in Reichstalern

	Ein	Aus	Überschuss		Ein	Aus	Überschuss
1750-60	3345	831	2514	1810-15			
1761-70	3773	1562	2211	1816-20	4703	1129	3574
1771-80	3773	1406	4914	1821-30	6840	1368	5472
1781-90	6462	5561	901	1831-40	12323	1907	10413
1791-00	7119	4105	3014	1841-50	13671	2216	11555
1801-09	5885	1677	4208	1851-57	3709	1193	2516

Die Eigner der Schiffe 1769-1857

Heimatorte der Schiffsbesitzer. Bremen = 11, Winsen = 5, Inschede = 4, Rethem und Neustadt = 2, je einer aus Ahlden, Hoya, Verden, Morsum, Thedinghausen, Westen, Hudemühlen (heute Hodenhagen) und Grindau. Aus Hannover und Linden sind folgende Schiffsbesitzer genannt: Mattfeldt 1800-1861, G. Egestorff 1840-1857, Vogeler 1843-1855, Kemnade 1855, Hartje 1840, Holzmann 1843-1861.

Hannoversche und Lindener Schifffahrtsunternehmer

a. Die Familie Mattfeldt: Sie war ab 1800 in diesem Beruf bekannt, zuerst Conrad (Cord), nach 1823 Louis Mattfeldt. Die Familie wohnte in Linden, Blumenauer Straße 5, als Nachbar der Familie Egestorff. Neben dem Frachtbetrieb wurden hier Flussschiffe und Fähren gebaut, so 1830 die Fähre der Gemeinde Ruthe bei Sarstedt. Außerdem widmete man sich der Schnapsbrennerei. 1861 gab Louis Mattfeldt die Schifffahrt auf und wurde Ökonom und Steinbruchbesitzer.

b. Die Familie Holzmann: Sie zog 1843 von Winsen (Aller) nach Hannover. Georg Holzmann wohnte in der Glockseestraße 35 a und betrieb die Schifffahrt bis zu seinem Tode 1861. Er besaß drei Schiffe und betrieb auch Flößerei. 1846 war er Mitglied einer Reihefahrtsvereinigung zusammen mit Georg Egestorff und der Bremer Witwe Fincke.

Von 1846 ist ein Rechtsstreit des Holzmann bekannt. Er hatte bei Letter eine Brückenbaustelle der Eisenbahn passieren müssen und deren Pumpen hatten sein Schiff unter Wasser gesetzt. Nach Prüfung durch den Schiffbauingenieur Hartje aus Limmer wurde Holzmann von der Eisenbahnverwaltung entschädigt.

c. Die Familie Egestorff. Johann Egestorff („Kalkjohann") kaufte um 1814 das Grundstück Blumenauer Straße 4 (vorher Linden Nr. 95/96), direkt neben der Ihmebrücke, von dem späteren (1823) Staats- und Kabinettsminister in Hannover Ludwig von Ompteda (1767-1854). Er richtete hier einen Lagerplatz für seine Kalktransporte nach Bremen ein, die er von Bremer Schiffern ausführen ließ.

Am anderen Ende des Wasserweges vertrieb sein Bruder Jasper Heinrich die Waren.

Johann Egestorff betrieb zusammen mit seinem Schwiegersohn die Flößerei von Bauholz. 1835 übernahm Georg Egestorff die Geschäfte seines Vaters. Einerseits erwarb Georg Egestorff große Verdienste um die Entwicklung der hannoverschen Industrie. andererseits war er rücksichtslos, wenn es darum ging, seine Vorhaben durchzusetzen. So errichtete er 1841 an seinem Ufergrundstück ungenehmigt eine Kaimauer, was dann die Baubehörde nachträglich absegnete. Georg Egestorff besaß ab 1840 eigene Schiffe unter dem Firmennamen Egestorffs Erben, später im Verbund mit anderen Schiffseignern.

d. Der Maschinenbauingenieur Karl Feise war Vorsitzender der Leine-Frachtschifffahrtsgesellschaft, die 1882 bis 1896 eine Frachtlinie, die nach Bremen und Geestemünde betrieb. Es wurden flussabwärts Maschinen, unter anderem Revolverdrehbänke, befördert und auf dem Rückweg Fisch eingeführt. Das Büro der Gesellschaft befand sich im Haus Goethestraße 14 c.

Ladungen und Transportpreise

Man beförderte um 1800 zu Tal meist Getreide und Baustoffe zu einem Preis von fünf bis sieben Talern pro Schiffslast (= 1,5 Tonnen). Der Transport zu Berg von Bremen nach Hannover kostete für Heringe und Tran je neun bis zehn Taler, für Teer acht bis neun Taler und für Leinsaat sechs bis sieben Taler pro Schiffslast. Um 1850 war die Wassertiefe gesunken, was zur Folge hatte, dass die Frachtmengen von 550 auf 450 Schiffspfund (1 Schiffspfund = 1,25 Tonnen) gesenkt werden mussten. Ein mittelgroßer Schiffszug von Bremen nach Hannover bedeutete ein Frachtgeld von ca. 318 Talern, dazu die Kosten des Pferdezuges und die Löhne des Schiffspersonals.

Der Frachttarif der Reiheschifffahrt von Hannover nach Bremen gab 1839 folgende Preise inklusive Zoll und Abgaben an:

1. Kaufmannsgüter pro Schiffspfund (0,125 Tonnen)   12 Groschen
2. Getreide pro Last (1,5 Tonnen)   3-5 Taler
3. Baustoffe, Knochen, Ölkuchen pro Last   4 Taler 12 Groschen
4. Töpfe pro Fuder (9,34 Hektoliter)   6 Taler 12 Groschen
5. Flaschen pro 100 Bouteillen (Flaschen)   6 Groschen

Das Winterlager der Schiffe in der Mühlenleine

Seit 1800 hatten es sich die Schiffer angewöhnt, ihre nicht benötigten Schiffe und Boote in der Mühlenleine (der eigentlichen Leine zwischen Friederikenplatz beziehungsweise dem königlichen Schloss und dem Zusammenfluss mit der Ihme) an der „Klocksee" ins Winterlager zu legen. Hier hatte man keine Schwierigkeiten mit Eisgang und zeitweisen Sandbänken, wie im Herrenhäuser Schleusenkanal und im Hafen am Lindener Speicher. Es gab hier aber oft Streit mit den Uferanliegern, indem von den Schiffsleuten das Ufer beschädigt und Hecken zerstört wurden, es kamen auch Diebstähle vor. Gütliche Abmachungen der Grundbesitzer mit den Befrachtern Egestorff, Mattfeldt und Fincke 1819 sowie Strafandrohungen fruchteten nichts, so dass der Landdrost Friedrich Wilhelm von Dachenhausen 1840 ein Reglement erließ. Hierin wurde angeordnet, dass Schiffe an bestimmten Punkten zu befestigen waren und nur bestimmte Wege benutzt werden durfte. Es musste ein Hafengeld von vier Talern sechs Mariengroschen. Entrichtet werden und die Uferbesitzer bekamen eine Entschädigung gezahlt. Bei Schäden fielen Strafgelder an, wovon die Hälfte an die Denunzianten ging.

Die Reiheschifffahrt 1800-1859

Ab 1800 schlossen sich Gruppen von Schiffern zu Reihefahrten zusammen, die sich Regularien über Güter und Beförderung gaben. 1823 beschlossen die Weseranliegerstaaten die Weserschifffahrtsakte, die 1824 mit einer Erweiterung auf Aller und Leine ergänzt wurde. Dies führte noch 1824 zur Bildung einer Reiheschifffahrt für die Aller und Leine, deren hannoversche Mitglieder eine Einlage von 80000 Talern besaßen. Im gleichen Jahr wurden zwischen Bremen und Hannover 2591 Tonnen Fracht verschifft, deren Hauptanteil bei Kalk und Getreide lag.

Ab 1839 galt für die Leineschifffahrt eine Niederfuhr-Reiheschifffahrtsordnung, deren Einhaltung von der hannoverschen Handels- und Reiheschifffahrts-Deputation zu gewährleisten war. Die Ordnung regelte in 17 Paragraphen Beladung, Transport, Frachtgelder und Behebung von Differenzen. Es war vorgeschrieben, in Linden nicht länger als 14 Tage auf Fracht zu warten. An Frachtgeldern wurde erhoben: für Massengüter, wie Kalk und Getreide, 1-5 Taler pro Last (1,5 Tonnen), für Kaufmannsgüter 12 Groschen pro Schiffspfund (1,25 Tonnen).

1847 bestanden für die Weser und ihre Nebenflüsse zehn Reihefahrten, wovon zwei Schifffahrt auf der Leine betrieben. Es handelte sich um die „Aller- und Leine-Reiheschifffahrt" mit 12 Unternehmern und 30 Schiffen von 35-150 Last Ladung, meist jedoch 85-130 Last, und den Zusammenschluss „Außer der Reihe nach Celle und Hannover". Dieser Vereinigung gehörten 17 Unternehmer mit 23 Schiffen an. Davon waren aus Hannover und Linden Egestorff Erben (Georg Egestorff) mit drei Schiffen von je 150 Last und Ludolph Vogeler mit einem Schiff von 35 Last.

Der Schiffsverkehr 1872-1896

Die Schleusengeldregister endeten 1857. Weitere Nachweise gingen durch Kriegs- und Wasserschäden verloren, sodass wir erst ab 1872 durch die Statistik des Deutschen Reiches wieder über Zahlen verfügen. Bei der nachstehenden Tabelle wurden nur die berggehenden Schiffe 1872-1881 notiert. Die Fracht betrug 1,2 bis 16,5 Tonnen.

Jahr	beladen	leer	Jahr	beladen	leer
1872	27	-	1877	38	4
1873	25	6	1878	25	6
1874	10	5	1879	27	3
1875	24	6	1880	18	2
1876	23	4	1881	26	2

Schiffsverkehr 1882-1896

	zu Berg	Ladung (t)	zu Tal	Ladung (t)
1882	20	3070	21	2485
1883	31	4480	36	4630
1884	21	3070	24	3440
1885	21	3260	23	3570
1886	6	688	7	792
1887	30	2344	32	2404
1888	20	1440	20	1440
1889	35	3900	35	3600
1890	3	60	3	432
1891	8	252	8	180
1892	9	4	9	394
1893	10	-	10	360
1894	10	-	10	400
1895	8	-	8	320
1896	1	-	1	24

Entnommen aus: Veröffentlichungen der Statistik des Schiffsverkehrs des Deutschen Reiches

Das letzte Schiff verkehrte 1896; es gehörte der Leine-Frachtschifffahrtsgesellschaft des Karl Feise.

Fahrten von Dampfschiffen

1874-1877 betrieb Heinrich Sosaat Personenverkehr mit einem Dampfboot mit Schraubenantrieb auf der Strecke zwischen dem Hohen Ufer und Limmer. Der

Mühlenbesitzer Giesecke aus Limmer ließ 1890 das dampfgetriebene Ausflugs-schiff „Blitz" fahren, und 1894 verkehrten die Dampfboote „Germania" und „Laura" auf der Leine.

Die Binnenschifferfamilie Döhling aus Morsum bei Verden erwarb sich Ver-dienste als Pioniere der Leineschifffahrt. Heinrich Döhling (1863-1908) ließ sich bei dem Schiffsbauer Seebeck in Rönnebeck bei Bremen einen hölzernen Frachtdampfer für 80 Tonnen Ladung mit einer Dampfmaschine einer Lokomo-

tive versehen. Das Schiff mit Namen „Leine" besaß ein Heckschaufelrad, um weni-ger bei Niedrigwasser aufzu-laufen. Döhling fuhr mit die-sem Schiff auf Weser, Aller und Leine. Dann wurde es wegen Schäden abgewrackt. Es wurden damit unter ande-rem Produkte der Egestorff-schen Maschinenfabrik ver-schifft. Ein Bild der „Leine" vor dem Egestorffschen Ladeplatz ist das einzige Foto der Leineschifffahrt.

Abb. 42: Das Dampfschiff „Leine" um 1880 am Eges-torffschen Ladeplatz in Linden.
Familie Döhling, Morsum

Als Versuchsfahrt kann man die Fahrt des Dampfers „Sylt" der Bremer Schleppschifffahrtsgesellschaft rechnen. Das Dampfschiff zog zwei schwach beladene Schleppkähne von Bremen nach Hannover in 36 stunden reiner Fahrzeit. Der Pferdezug dauerte dagegen bergwärts neun Tage.

Im 20. Jahrhundert fanden weitere Versuchsfahrten mit Dampfbetrieb statt. Sie hatten aber keine Folgen, weil die Gelder in den Bau des Mittellandkanals flos-sen. So blieb uns die natürliche Flusslandschaft der Leine erhalten.

Literatur

Von 31 Büchern wird eine Auswahl von fünf Büchern genannt. Der Autor gibt Auskunft über die insgesamt benutzten Bücher.

Jutta Bachmann, Helmut Hartmann (Hrsg.): Schifffahrt, Handel, Häfen, Minden 1987
Führer auf den deutschen Schifffahrtsstraßen, tabellarisches Handbuch, bearbeitet im König-lich Preußischen Ministerium der öffentlichen Arbeiten, 1. Teil, 1893
Friedrich Wilhelm von Reden: Das Königreich Hannover, statistisch gesehen, Hannover 1839
Oskar Teubert: Die Binnenschiffahrt, in zwei Bänden, Band 1, Leipzig 1912
Helmut Zimmermann, Jürgen Schulz: Die Städtischen Häfen in Hannover, hrsg. von den Städtischen Häfen der LHH Hannover, 1993

Quellen

146 Akten des Niedersächsischen Landesarchivs -Hauptstaatsarchiv Hannover- (Bestände Cal. Br. 8, 10, 12, 63, Celle Br. 63, Hann. 74 Ahlden, Hann. 74 Linden; Hann. 74 Neustadt, Hann. 80 Hannover I, Hann. 88 A, Hann. 95)

24
Die Schleuse Herrenhausen

Im Rahmen der Expo 2000 wurde die seit vielen Jahrzehnten verfallende Schifffahrtsschleuse erneuert. Es wurden neue Holztore eingepasst und die Schäden in den Wänden der Schleusenkammer behoben.

Die Schleuse beruht in seiner überkommenen Gestalt auf dem Konzept von 1768, das im Zusammenhang mit der benachbarten Stauschleuse und dem Maschinengebäude für die Fontäne der Herrenhäuser Gärten zu sehen ist. Vorgänger waren die Anlagen und der Kanal von 1720. Die regelmäßige Schifffahrt mit Hilfe der Schleuse ist von 1740 bis 1896 nachgewiesen.

Die Baugeschichte

1718-1720 wurden auf Befehl König Georg I. die erste Stauschleuse, das Wassermaschinenhaus sowie der Schifffahrtskanal mit der Schleuse erbaut. Der 3000 Fuß lange Kanal unterhalb der Schleuse, der später den Namen Ernst-August-Kanal erhielt, soll laut v. Spilcker von Soldaten der hannoverschen Garnison ausgehoben worden sein und soll 70000 Taler gekostet haben. Hauptanlage des Geländes war die Wassermaschine für die Fontäne. Man erwähnte die Schiffsschleuse stets als „bey der englischen Wasser-Machine" liegend. Die Schiffsschleuse, nach anderer Angabe erst 1743 entstand, war von einfacher hölzerner Bauart, über die man nicht recht glücklich war. Schon 1742 hatte der Architekt Heumann eine Art Schiffshebewerk in Form eines hebbaren Holzkastens vorgeschlagen, was aber zu teuer erschien. Ab 1745 begannen die Schäden. Die Bohlen der Tore wurden undicht und mit Moos abgedichtet. Folgende größere Reparaturkosten seien genannt in Reichstalern: 1745: 342, 1748: 140, 1753: 362, 1757: 701, 1761: 135, 1764: 140.

Kein Wunder, dass man über einen massiven Neubau nachdachte. Der Architekt Heumann und der Hofbaumeister Mackensen errechneten die Kosten auf 4703 Taler. Vorerst scheute man vor dem Bau zurück und erwog 1767 sogar, die Schifffahrt einzustellen. Bei der Berechnung ergab sich, dass die jährlichen Frachtkosten mit 30 Schiffen 9000 Taler betrugen, die dafür benötigten 1800 Wagen jedoch 18000 Taler kosten würden.

So begann 1768 der Neubau, der diesmal mit 8540 Talern veranschlagt wurde, wobei der Tagelohn 2485 Taler betrug. Für die Bauzeit bis Oktober wurden 9206 Taler zugesagt, aber nur 8928 Taler an tatsächlichen Baukosten verbraucht, also heute undenkbar. Die erforderlichen Transporte wurden von Spanndienstpflichtigen der Ämter Lauenau, Calenberg und Springe ausgeführt. Man beförderte an Steinmaterial Quadersteine, Backsteine und Ducksteine, an Dichtungsmaterial Kalk, Kitt, Tarras (eine Art Zement) und Blei. An Buchenholz verbaute man 4900 Fuß Bohlen, 32 Grundbalken und 15 Schlammbalken, an Eichenholz 56 Pfähle und 1600 Fuß Bohlen. An Eisen benötigte man 360 Steinklammern, 500 Steinzapfen und 400 große Nägel. Belegt ist die Ausgabe von 1841 Talern an Tagelohn für Erd- und Maurerarbeiten, auch „beym Hubeln" von Bohlen. Die fertige Schleusenkammer war 128 Fuß lang, 28 Fuß breit und 18 Fuß hoch. Die Flügelmauern waren im Westen 194 Fuß, im Osten 250 Fuß lang.

Die weitere Baugeschichte ist nur spärlich erhellt. 1783 wurden die Ufer des Kanals unterhalb der Schleuse mit Pfählen befestigt. 1798 war eine General-überholung angesagt, die 6302 Taler kostete. 1811 -1813 wurden 1133 Taler für Reparaturen ausgegeben und 1856 baute man eine Drehbrücke über die Schleuse für 729 Taler. Die umfangreiche Erneuerung von 1863 ist nur durch eine Riss-zeichnung im Bauamt der Stadt Hannover belegt.

Verwaltung und Personal

Zur Zeit des Königreichs Hannover unterstand dem Finanzministerium das Ober-Hof- und Gartendepartement für Schlösser und Gärten, also auch für den Bereich des Schlosses Herrenhausen. Diesem standen Oberbauräte und Hofbau-räte vor. Bekannt waren um 1760-1780 Mackensen und Körtjen, um 1840-1860 Mosengel und Schuster. Bei größeren Baumaßnahmen wurden Beamte anderer Behörden herangezogen, so 1760 der Klosterbaumeister Schädler und 1768 der Landbaumeister Vick. In der weiteren Rangfolge erschienen Hofbauinspektoren, danach Hofbaukondukteure. Hier sind mehrere Mitglieder der Familie Cleves von 1730 bis 1820 bekannt.

Zur Zeit der französischen Besatzung 1807-1813 unterstand man finanziell der Steuerverwaltung des Allerdepartements für Wegegelder und wasserbaumäßig dem Strombaumeister Funk der Weser-Division in Rinteln. Ab 1823 waren Be-amte der Generaldirektion des Wasserbaus zuständig, insbesondere der Wasser-bauinspektion Hannover, nach der preußischen Annektion 1866 durch die In-spektion der Strombauverwaltung.

Wir kommen nun zu den Männern, die direkt für den Betrieb von Schiffsschleu-se und Wasserkunst verantwortlich waren. An erster Stelle dieser unteren Ränge standen Personen, die verschiedene Titel trugen, aber gleiche Tätigkeiten ausüb-ten:

1720-1790 die Kunstmeister Joseph und Christian Cleves (auch Cleeves), 1790-1815 der Kunstmeister, später Ingenieurhauptmann Schubert, um 1820 der Ma-schinenverwalter Carl August Rabius, 1835 der Maschineninspektor Diehle. Es folgten 1845 der Maschinendirektor Bartholomäus Mühlenpfordt, 1850 der Ma-schinenvorstand Auhagen.

Unter diesen Beamten arbeiteten Maschinenschmiede (1810/30 Ebeling, 1830/65 Röttger) und Maschinenzimmerleute (1750 Leonhard, 1830/70 Rohde sen. und jun.). Für die Arbeit an der Schiffsschleuse und Stauschleuse bekamen die drei zuletzt genannten Ränge eine Extravergütung, die 1820/50 jährlich 24 Taler betrug, wovon der Kunstmeister 12 Taler und die beiden Anderen je 6 Ta-ler erhielten. Zur französischen Zeit erhielten die Genannten ein Grundsalär-Hauptmann Schubert 333, Schmied Ebeling und Zimmerer Rohde je 120 und Kunstknecht Lathweiser 54 Franken. Allerdings hatten die Bedienten Mühe, ih-ren Lohn zu erhalten.

Der Schleusenbetrieb

Da die Stauschleuse zum Betrieb der Wassermaschine für die Fontäne eingerichtet worden war, war der Schiffsschleusenbetrieb bei Benutzung der Wassermaschine oft eingeschränkt, zum Teil sogar ganz lahm gelegt. Das Vergnügen der hohen Herrschaften ging eben vor. Aber auch sonst waren Schwierigkeiten zu überwinden. Wasserstand bzw. Wassermengen waren mit der Schleusung genau abzustimmen, denn es war notwendig, mit einem Schwall die Schiffe über die Untiefen des Flusses bis nach Neustadt zu bringen, besonders bei niedrigem Wasserstand auf dieser Strecke.

Es war möglich, anhand der Stauzeit und der erhaltenen Wasserhöhe mit dem Schiff einen gegebenen Zielort zu erreichen. So brauchte der Schwall bei Ziehen aller 19 Freischotten und 10 Grundschotten neun bis zehn Stunden bis Neustadt a. Rbge. Wollte man also morgens um 6 Uhr Neustadt erreichen, so mussten in Herrenhausen um 21 Uhr die Schotten gezogen werden. Wegen dieser Bedingungen war eine Anmeldung des Schiffes durch einen Boten mit Angabe des Schiffstiefgangs am Vortage nötig. im Winter wurden Schleusungen nur von 10 bis 13 Uhr vorgenommen. Bei Hochwasser und Schneewetter musste Wasser durch Öffnen der Stauschleuse abgelassen werden, wobei manchmal der Sog die Schiffe gefährdete. Vorsorglich erging hierfür Nachricht aus dem weit flussaufwärts gelegenen Salzderhelden.

Abb. 43: Schleuse Herrenhausen (2000).

Im Winter bedrohte Eis die Anlagen. 1849 ließ man die Eisdecke durch Artilleristen des Obristleutnants Luttermann sprengen. Schwierigkeiten mit der Natur und mit den Schiffern wegen der Stau- und Ablasszeiten versuchte man durch Verordnungen und Reglements entgegenzusteuern. 1780 erließ die Königliche Kammer ein Reglement für die Herrenhäuser Anlagen und den Hafen am Lindener Speicher. In ihm war auferlegt, Schäden an den Bollwerken sowie Zeit- und Wasserverluste bei der Schleusung zu vermeiden. Bei Fontänenbetrieb hatte der Schleusenbetrieb zu ruhen. Schiffer aus Richtung Bremen hatten sich bis 8 Uhr morgens anzumelden. Es war verboten, bei der Schleusung Schiffshaken in die Lücken der Steine zu stechen.

Ein weiteres Reglement von 1791 verbot den Schiffsleuten das eigenmächtige Ziehen der Schotten. Die Schleusenbedienten hatten die Schotten gleichmäßig zu öffnen und Flöße mussten in der Schleusenkammer gut befestigt werden.

Trotzdem kam es oft zu Differenzen mit den Schiffern, die wegen der Wartezeiten ungeduldig und auch ausfallend wurden. Einige Schiffer verlangten Schadenersatz für die verlorene Zeit. Andererseits zwangen die Schleusenbedienten die Schiffer zur Einhaltung der angeordneten Maßnahmen. So mussten 1801 der Schiffer Rothardt aus Winsen wegen Überladung sein Schiff vollkommen entladen und nach der Schleusung wieder beladen.

Der Schiffsverkehr der Herrenhäuser Schleuse

Anhand von Tagebüchern vermerkten die Schleusenbedienten Zahl, Art und Tiefgang der Fahrzeuge, auch Eigner, Steuerleute und Art der Ladung. Es wurde auch notiert, wie oft den Schiffen Wasser gegeben wurde. Das Wassergeben schlug sich mit einer zusätzlichen Gebühr von drei bis sechs Groschen zu den Schleusengeldern nieder.

Schleusengeld 1788-1838. Bei Bergfahrt beladene Böcke = 3 Taler 2 Groschen, beladene Bullen = 1 Taler 12 Groschen, bei Leerfahrt wurde ein Drittel und bei Talfahrt die Hälfte des Tarifs verlangt. Ab 1850 betrug die Gebühr bei Böcken und Bergfahrt 1 Taler und entsprechend weniger bei kleineren Schiffen. Ab 1855 stellte man den Tarif auf die Ladung um und kassierte pro Schiffspfund (0,125 Tonnen) 3 Pfennige.

Die Tagebücher der Herrenhäuser Schleuse sind nur für die Jahre 1819/20 und 1842/47 erhalten, da sie größtenteils in der gemeinsamen Registrierung mit der Schleuse Neustadt aufgingen.

Zahl der Schiffe und Flöße

1819 = 290 Schiffe und 46 Flöße 1844 = 157 Schiffe
1820 = 278 Schiffe 1845 = 73 Schiffe
1842 = 92 Schiffe und 1 Floß 1846 = 217 Schiffe und 23 Flöße
1843 = 157 Schiffe 1847 = 147 Schiffe und 79 Flöße

Die schwankende Zahl der Flöße hängt mit der Lage der Bauwirtschaft in Bremen zusammen, wohin die Flöße gingen.

In den Tagebüchern der Herrenhäuser Schleuse wurden 1846 die 14 Mitglieder einer Reihefahrt-Genossenschaft genannt. Es sind aus Bremen mehrere Mitglieder der Familien Fincke, Lübbers und Feldhusen, aus Winsen Otto und Brelje, aus Hannover und Linden G. Egestorff, Holzmann und Mattfeldt.

Literatur

Karl Löbe: Das Weserbuch – Roman eines Flusses, Verlag CW Niemeyer, Hameln 1986
Burchard Christian von Spilcker: Historisch-topographisch-statistische Beschreibung der königlichen Residenzstadt Hannover, Hahn'sche Hofbuchhandlung, Hannover 1819

Quellen

Akten des Niedersächsischen Landesarchivs -Hauptstaatsarchiv Hannover- (Bestände Hann. 95 und Dep. 103 XXIV)

25

Die Schleuse Neustadt a. Rbge.

Für die Leineschifffahrt spielten natürliche Hindernisse eine große Rolle. So behindert von kurz oberhalb der Stadt eine felsige Gefällstrecke von mehreren hundert Metern den Verkehr. Dies Hindernis wurde schon im Mittelalter durch einen künstlich erweiterten Nebenarm, kleine Leine oder Mühlenstrang genannt, umgangen. Die Höhendifferenz überwand man durch Schleusen, die man im Laufe der Zeit an mehreren Stellen des Mühlenwerders (Leineinsel) erbaute. Seit etwa 1900 ist der Frachtverkehr erloschen; die Neustädter Schleuse wird nur noch von Sportbooten passiert.

Bauten und Schifffahrt im Mittelalter

Die ersten Nachrichten über Leineschleusen sind in einem Lohnregister der Stadt Hannover von 1481 bis 1509 enthalten. Außer der Neustädter Schleuse sind Schleusenbauten bei Marienwerder und Lohnde verzeichnet. Die Lohnregister vermerkten auch die Materialien und die Nahrungsmittel, die an die Bauleutegeliefert wurden. So zahlte man 1507 an den Neustädter Meister Albert dreieinhalb Punt und fünf Taler, nachdem man im Vorjahr 35 Punt ausgegeben hatte „vor de schutte to makende unde 2 winden, vor holt unde delen darto".

Die Schiffer stammten meist aus Bremen. Ihre Ladung flussauf waren Fisch, allerlei Nahrungsmittel und Gebrauchsgegenstände. Flussabwärts ließen hannoversche Unternehmer, oft auch Ratsherren, zumeist Getreide transportieren. An Schiffen befuhren Eken und Bordinge mit 20 bis 50 Tonnen Ladung den Fluss.

Die Schleusenbauten 1746 und 1802

Nach dem Wiederbeginn der Schifffahrt zu Beginn des 18. Jahrhunderts wurde die Neustädter Schleuse 1746 erneuert. Die Königliche Regierung bewilligte dazu 3760 Taler, allerdings auf Kosten der Qualität. denn als man 1802 zu einem Neubau an anderer Stelle der Leineinsel schritt, musste man feststellen, dass sich zwischen den Quadern der alten Schleusenmauern statt Mörtel nur Erde und Grand (Kies) befanden. Die Leitung des Unternehmens von 1746 hatte der Architekt Heumann. Die Maurerarbeiten führte Meister Kilian aus, die Holzarbeiten Zimmermeister Lutz. Durch starken Morast hatten die Arbeiter große Mühe, den „Erdbock" (Ramme) zu handhaben.

1802 war die Schleuse so defekt, dass man sie unter der Leitung des Harburger Deichinspektors le Plat und des Oberdeichgrafen Anton Heinrich Dammert aus Altenbücken bei Hoya völlig neu erbaute. Vorher hatte man dazu ein Grundstück der Witwe des früheren Schleusenmeisters Buchholz gekauft. Während der Bauzeit wird über den Mühlenwerder in auf der anderen Wasserseite liegende Schiffe umgeladen und dadurch den Zeitverlust gering gehalten.

Die Baugrube wurde durch eine Wasserschöpfmaschine entwässert, die man mit der Welle der Malzmühle antrieb. Deren Müller Krone bekam dafür eine Entschädigung. Die Steinarbeiten führten die Barsinghäuser Steinhauermeister Blume, Hünerberg und Schüddekop aus, Kalkmörtel lieferten die Kalkbrenner

Stuckenbrock und Johann Egestorff aus Linden. Eichen- und Buchenholz für die Tore erstellte Dietrich Stockhausen, die Metallarbeiten erledigten Schmiedemeister Behr und Glockengießermeister Wiedemann.

Die Kosten des Neubaus in Höhe von 39766 Talern wurden aus der Kasse der Königlichen Bergwarenhandlung in Linden beglichen. Es blieben große Mengen Baumaterial zurück, die dort verdarben und auch gestohlen wurden. Der klägliche Rest an Quadersteinen wurde erst 1844 verkauft. 1835 war ein Kaufgesuch des Ratsmüllers Scheele für diese Steine abgelehnt worden.

Die Reinigung der Schleuse

Der Fluss trieb immer wieder Sand und Schlamm in die Schleuse. Auch die Einrichtung von Spülschleusen hatte kaum Einfluss. Die neue Schleuse von 1802 musste 1807 wieder gründlich gereinigt werden. Dies dauerte so lange, dass sich der Schiffer Holzmann beschwerte und Schleusengelderlass verlangte. Er wollte drei bis vier Tage Verzögerung gehabt haben.

Schleusenreinigungen sind schon früher bezeugt. 1756 reinigte der Hamelner Schleusenmeister Richard Dammert die Neustädter Schleuse und den Schleusenkanal mit seiner selbstgebauten „Muddemühle" (Handbagger), deren Bau 288 Taler gekostet hatte und die von drei Mann bedient wurde. Die Reinigungsarbeiten waren kostspielig und ein Ärgernis für die Stadt Neustadt; deshalb stimmte sie auch 1890 für eine Aufgabe der Leineschifffahrt.

Die Schleusengeldkasse

Das Neustädter Schleusengeldregister verzeichnete die Schiffsbewegungen von 1752 bis 1857. Hier wurden die erhobenen Passagegebühren für Schiffe und Flöße vermerkt und dazu Art und Eigner der Schiffe eingetragen.

Während des registrierten Zeitraums wurde ein Überschuss von 50295 Talern erzielt, allerdings aus der gemeinsamen Kasse mit der Schleuse Herrenhausen. Die Gebühren waren unterschieden nach Berg- oder Talfahrt, orientierten sich nach der Schiffsbreite und waren in Haupt- und Nebengelder geteilt. Durch verschiedene Tarifsenkungen, unter anderem 1855, versuchte man, den zurückgehenden Schiffsverkehr zu erhöhen.

Von 1752 bis 1857 wurde die Schleuse von 784 Böcken und 833 Bullen passiert. Die größte Dichte an Schleusungen erfolgte in den Jahren 1815-1820 und 1850-1855.

Neustädter Schleusenmeister waren vor 1793 Balthasar Buchholz, 1794-1806 Diedrich Clausing, 1807-1854 Conrad Kuhlmann und ab 1890 August Rischbieth.

Vermischtes über Passage der Schleuse Neustadt

1834 und 1835 fuhren Baltes Schmedes und Johann Dürkopp aus Borstel im Alten Land mit zwei Ewern, beladen mit Äpfeln, die Flüsse aufwärts bis Hannover. 1855 sind mehrere Fahrten eines „Panzerschiffs" verzeichnet, was aber nur aussagt, dass es sich nur um ein eisernes Schiff anstelle der sonst hölzernen

Schiffe handeln konnte. 1856 passierte hier der Mindener Schiffer Rolff mit einem Dampfschiff und einem Bullen. Rolff gilt als Pionier der Weserschifffahrt.

Abb. 44: Schleuse Neustadt (2010).

Literatur

Hector Wilhelm Heinrich Mithoff: „Mittelalterliche Lohnregister der Stadt Hannover", in: Zeitschrift des historischen Vereins für Niedersachsen, hrsg. unter Leitung des Vereins-Ausschusses, Hannover 1871
Arnold Peters: Geschichte der Schiffahrt auf Aller, Oker und Leine bis 1618, Forschungen zur Geschichte Niedersachsens, hrsg. vom Historischen Verein für Niedersachsen, Bd. 4, Heft 6, Hannover 1913

Quellen

Akten des Niedersächsischen Landesarchivs -Hauptstaatsarchiv Hannover- (Bestände Cal. Br. 8, Hann. 74 Neustadt, Hann. 88 A, Hann. 95)

124

26
Die Leineflößerei

Seit vor 1600 ist die Flößerei auf der Leine und ihren Nebenflüssen bezeugt. Bis 1877 gingen große Mengen Brennholz und Nutzholzflöße den Fluss hinab nach Hannover, Bauholz auch weiter flussabwärts nach Bremen. Weil die Eisenbahn schneller transportierte, brachte sie ab 1850 die Flößerei zum Niedergang.

Das Flößen war ein harter Beruf. Nach der Abholzung wurden die Stämme zum Fluss befördert. Brennholz wurde direkt eingeworfen, Nutzholz wurde eingebunden. Als Bindematerial verwendete man junge Weiden, Fichten und Birken, die man durch Wässern und Erhitzen geschmeidig gemacht hatte,

Gebundene Flöße mit Dielen, Balken und Stäben hatten anders als das Brennholz kaum Verluste. Der größte Verlust entstand durch Diebstahl, hier bis zu fünf Prozent. Auch harte Bestrafung und der Einsatz von Militär änderte daran nichts.

Eine besondere Form von Stabholzflößen waren die so genannten Piepenstabflöße aus Eichenholz. Hierbei handelte es sich um Eichenholzstäbe für Weinfässer, die in Bremen benötigt wurden.

Etwa vier Wochen vor Beginn des Flößens wurden die anliegenden Gemeinden aufgefordert, ihre Ufer zu räumen, denn einmal fingen sich Hölzer im Buschwerk und zum Anderen waren die Flößer behindert, die das Holz vom Ufer abstoßen mussten. Das Flößen und die Holzstämme verursachten starke Schäden an Ufern und Mühlenfluten. Zahlreiche Rechtsstreitigkeiten wurden wegen der Schäden geführt.

Leineflöße fuhren in Gruppen und waren miteinander verbunden. Vor den Wehren mit nur maximal fünf bis sechs Metern Breite musste an acht Leineorten Zoll gezahlt werden, teilweise in Form von Holz. An zwei Orten befanden sich Zwischenlager an der Leine, nämlich in Freden und Koldingen. In Freden sammelte man auch das Holz der umliegenden Wälder.

Die ersten schriftlichen Zeugnisse über die Flößerei finden sich am Ende des 16. Jahrhunderts, die letzten Flöße verkehrten 1874 und 1877. Das meiste Holz kam zwischen 1680 und 1830 aus dem Solling zu Tal, ab 1800 zunehmend begleitet von Holz aus leinenahen Wäldern. Da die Leine ein großes Gebiet des Fürstbistums Hildesheim durchlief, schlossen das Kurfürstentum und spätere Königreich viele Verträge miteinander ab wegen der Durchflößung.

Um 1855 begann nach dem Bau der Eisenbahn im Leine-Tal der Niedergang der Flößerei, denn die Bahn beförderte viel schneller, benötigte doch ein Floß für die Strecke von Northeim bis Hannover 16 Tage. Außerdem senkte die Bahn 1858 noch ihre Frachtsätze.

Die Sollingflößerei auf der Ilme

Der größte Teil des im Solling gehauenen Holzes bestand aus Buchenbrennholz für die Hofhaltung in Hannover. Es ging auch Bauholz über Poppenburg nach

Hildesheim und über Banteln zum Festungsbau in Hameln. Die ersten Belege für Holztransporte aus dem Solling sind 1583 in der Holzordnung des Herzogs Erich II. für das calenbergische Amt Erichsburg enthalten. Vor 1680 wurde das Sollingholz auf der Achse bis in die Gegend von Einbeck gefahren und dort eingeworfen. 1680 baute man den Stauteich am Lakenhaus, mit dessen Wasser man im Februar die erste Flößstrecke bis Relliehausen betrieb. Dort wurde das Holz herausgezogen und im April neu eingeworfen, wenn sich das Stauwasser wieder angesammelt hatte. Die zweite Flößstrecke ging dann bis zum Roten Turm bei Einbeck, die dritte Flößstrecke weiter abwärts bis Hannover.

1732 erbaute man einen zweiten Stauteich im Solling, den Neuen Teich an einem Quellarm der Ilme und flößte ebenfalls nach Relliehauen. Dort befand sich das Floßkommissariat, das alle Maßnahmen der Flößerei lenkte. Von hier aus wurden auch mit Hilfe von Achtsmännern die Schäden begutachtet, die an den Ufern entstanden waren. Es wurden dafür Entschädigungen (Diskretions- und Stillstandsgelder) bezahlt. Die Schäden waren hoch, hatte man doch bald das Vierfache der vereinbarten Holzmengen eingeworfen und dadurch Stauungen verursacht.

Mehrmals wurde das Flößen durch das hildesheimische Amt Hunnesrück unterbrochen und das Holz auf Wagen bis Einbeck gefahren; dann waren aber wieder die Wege ruiniert. Es war eben immer das Interesse der Landeigentümer gegen den Verdienst der Bevölkerung aus Transport und Flößen abzuwägen.

Die Sollingflößerei dauerte von 1680 bis etwa 1830. Dann war nur noch minderwertiges Holz vorhanden und man musste auf die Wälder an der Leine übergehen. Von 1737 bis 1828 waren 380000 Klafter = 3,53 Millionen Festmeter Holz im Solling geschlagen worden.

Flößerei auf der oberen Leine und Nebenflüssen der Leine (ohne die Ilme)

Die obere Leine: Das Göttinger Universitätspersonal wurde 1734-1765 mit Brennholz versorgt, das bei Friedland in die Leine geworfen wurde. Um fachgerecht flößen zu können, holte man sich den Floßmeister Christian Küster aus Salzderhelden als Ausbilder.

Die Haller bei Springe: Auf der kurzen Strecke von Hallerburg bis zur Einmündung in die Leine wurden 1685-1687 große Mengen Holz aus dem Wülfinghäuser Klosterforst und von dem Springer Burgberg geflößt. Hier baute man 1685 eine neue „Wasserschlüße". Für das Hauen und den Transport des Holzes zum Wasser wurden die Einwohner der umliegenden Orte bis hinter Springe zu Hand- und Spanndiensten herangezogen.

Söse, Oder und Rhume: Während durch die nördlichen Harzflüsse wenig Holz nach Hannover gelangte, geschah dies auf den südlichen genannte Flüssen umso mehr. Geflößt wurde zur Versorgung der Saline Salzderhelden und 1576 zum Bau des Schlosses Landestrost in Neustadt a. Rbge., also zur Zeit der Herrschaft Herzog Julius von Braunschweig-Wolfenbüttel. Besonders die Einwohner von Eisdorf, Förste und Elvershausen betrieben diesen Beruf. Trotz Abmachungen der Wolfenbütteler Herzöge mit den Behörden der umliegenden Gegend wurden die Flöße oftmals bei der Passage des Grubenhagener Amts Katlenburg und des Kurmainzischen Amts Lindau angehalten. 1659 erging eine zwischen Hannover und dem Bistum Hildesheim vereinbarte Floßordnung, in der unter anderem die Flößer ermahnt wurden, „sich nicht in den Krügen über die Zeit aufzuhalten und keinen Streit anzufangen". Der letzte Beleg, zugleich der Letzte über die Leineflößerei stammt von 1877 und berichtet über den Protest von 30 Flößern aus Elvershausen gegen zuviel bezahlten Flusszoll.

Innerste und Nette: Auf diesen Flüssen ging die Flößerei nach Hildesheim. Wegen Niedrigwasser und der vielen Krümmungen konnte man hier nur Brennholz flößen, das in den Forsten Wohldenberg und Liebenburg sowie am Hainberg geschlagen wurde. Einwurfstellen waren die Schlackenmühle bei Seesen sowie Plätze in Rhüden und Bockenem. Aus der von 1764 bis 1789 betriebenen Flößerei wurde viel Holz gestohlen; sogar die Müller der anliegenden Mühlen beteiligten sich daran. Um diese daran zu hindern, erhielten sie pro Floßsaison einen Stamm Floßholz, später noch einen Reichstaler.

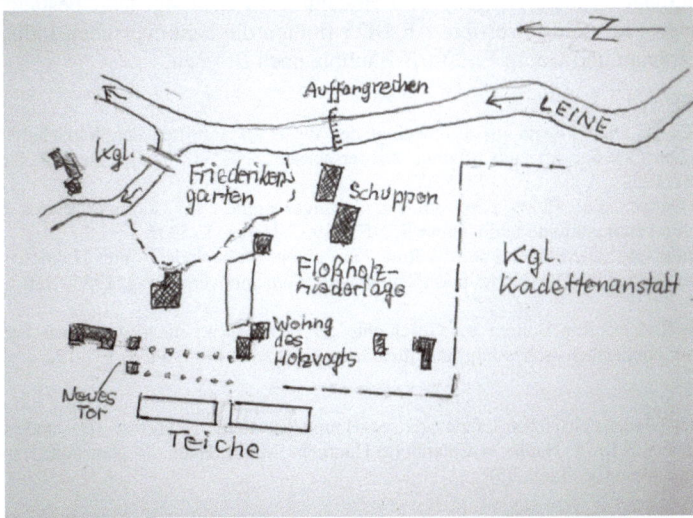

Abb. 45: Kartenskizze des hannoverschen Floßholzlagers um 1850.

Das hannoversche Floßholzlager

Vor 1768 befand sich das Floßholzlager am Schnellen Graben. Nach einem Dammbruch wurde es zum Neuen Tor verlegt (heutiges Gelände der Polizeidirektion an der Hardenbergstraße). Hier landete man das Brennholz und auch Nutzholz an, das für den königlichen Hofstaat, die Ministerien und die öffentlichen Einrichtungen gedacht war und lagerte es auf der königlichen Holzkoppel und in Schuppen. Auch hatten hier private Unternehmer ein abgetrenntes Grundstück. für Bauholz. Vom Neuen Tor zum Holzplatz führte ein Fahrweg, für dessen Benutzung man eine Gebühr zahlen musste. Die Aufsicht über das Gelände übte ein Holzvogt aus (um 1850 Rotermund). Um 1850 wurde auch das

Flößereikommissariat von Relliehausen nach hierher verlegt. Leiter war der Forstsekretär Teichmann.

1846 wurde der Holzplatz halbiert. Auf dem Südteil errichtete man eine Militär-kadettenanstalt, dessen Gebäude noch erhalten sind. Da die geflößten Holzmengen rückläufig waren, reichte der Platz aus bis zum Ende der Flößerei um 1880.

Die Flößerei unterhalb von Hannover

Große Mengen Holz gingen auf der Leine abwärts in Richtung Bremen. Ein genauer Vermerk dieser Flößerei geschah durch die Schleusengeldregister von Herrenhausen und Neustadt a. Rbge. Sie vermerken für 1772-1847 die Passage von 1455 Flößen. Diese gingen oft in Gruppen flussabwärts, mitunter mit bis zu 12 Flößen. Es wurde das ganze Jahr über geflößt mit Ausnahme des Monats Januar (Eisgang). Die Hauptmenge der nur aus Bauholz bestehenden Flöße fand von 1800 bis 1820 statt. Vor 1790 passierten zumeist Eichenholzflöße, danach fast nur Tannenholzflöße. Um 1800 waren die Floßunternehmer in Hudemühlen und Riethagen (heute Ortsteile von Hodenhagen) ansässig. Dort bestanden damals auch Flussschiffswerften. Ab 1825 flößten die hannoverschen Industriepioniere Johann und Georg Egestorff Bauholz nach Bremen.

Literatur

Jürgen Delfs: Die Flößerei im Stromgebiet der Weser (= Schriften der Wirtschaftswissenschaftlichen Gesellschaft zum Studium Niedersachsens, NF 34), Walter Dorn Verlag, Bremen-Horn 1952
August Deppe: „Die Holzflößerei auf der Göttinger Leine", in: Göttinger Blätter für Geschichte und Heimatkunde Südhannovers, NF 3, 1937, Heft 1, S. 59 ff.
Otto Fahlbusch: „Die Flößerei auf der Ilme – aus einem Erbbuch des Amtes Hunnesrück", in: Göttinger Blätter für Geschichte und Heimatkunde Südhannovers, NF 2, 1936, Heft ¾, S. 52 ff.
Heinrich Knösel: „Ein Beitrag zur Geschichte der Holzflößerei im niedersächsischen Berglande", in: Niedersächsisches Jahrbuch für Landesgeschichte 11, 1934, S. 131-152

Quellen

Akten des Niedersächsischen Landesarchivs -Hauptstaatsarchiv Hannover- (Bestände Cal. Br. 23, Hildesheim Br. 1, Hann. 74 Calenberg, Hann. 74 Alfeld, Hann. 74 Neustadt, Hann. 76a, Hann. 82 a Misburg, Hann. 95).

27
Fähren über die Leine

Seit dem Mittelalter sorgten Fähren für den Transport von Menschen, Tieren und Gütern von Ufer zu Ufer, bis gegen 1900 die meisten von ihnen durch Brücken ersetzt wurden. Einige wenige überlebten sogar den Zweiten Weltkrieg, und die letzte gab erst 1963 den Betrieb auf. Kaum bekannt ist, dass auch im Stadtgebiet Hannovers Fähren ihren Dienst versahen.

Die alte Bezeichnung „Flöte" für Fähren gibt Hinweis auf die frühe Form von Fähren, nämlich der von Flößen, aus denen sich dann die Kastenfähren oder Fährprahme mit Auffahrklappen entwickelten. Zuerst geschah der Antrieb durch Staken, dann durch den Fluss selbst. Der Fluss wurde dabei mit Hanfseilen, ab ca. 1855 mit Drahtseilen überspannt. Vor 1855 musste das Seil bei Annäherung von Schiffen auf den Grund abgesenkt werden. Der Personenverkehr wurde mit kleinen Booten ausgeführt.

Die Landesherrschaft betrieb die Fähren in den seltensten Fällen selbst. Man vergab die Fährgerechtigkeit an Gemeinden oder Einzelpersonen. Die Gemeinden betrieben dann die Fähren selber oder verpachteten sie weiter.

Ab 1870 führte die staatliche Wasserbaubehörde durch Inspektoren die technische Prüfung der Fähranlagen durch und überprüfte auch die Befähigung der Fährleute.

Abb. 46: Fähre Stöcken-Letter, ca. 1906.

Die Lebensdauer einer Fähre hing von der Beanspruchung durch Wetter und Wasser sowie durch Menge und Schwere des Fährguts ab. Durchschnittlich nach 20 Jahren war die Neuanschaffung eines Fährkörpers nötig, und dann begann auch meist der Streit um die Bezahlung. Oft konnten auch die Reparaturen nicht aus den Fährgebühren gedeckt werden. Als Beispiel von Gebühren möge der Tarif der Helstorfer Fähre von verschiedenen Jahren dienen:

	1780	1873	1877
1 Wagen und 4 Pferde	4 mgr.	3 Gr. 10 Pfg.	0,40 RM
1 Wagen und 2 Pferde	1 mgr. 4 Pfg.	1 Gr. 11 Pfg.	0,20 RM
1 Wagen und 1 Pferd	1 mgr. 4 Pfg.	1 Gr. 5 Pfg.	0,15 RM
1 Brautwagen und Gefolge	1 Taler	1 Taler 5 Pfg.	unbekannt
1 Person	2 Pfg.	2 Pfg.	0,02 RM

[mgr. = Mariengroschen, gr. = Groschen, Pfg. = Pfennige, RM = Reichsmark)]

Fähren nördlich von Neustadt a. Rbge.

Fähre Bothmer:

Der Winsener Amtsvogt Deterding berichtete 1682, dass ein „gros Fehrschiff angerichtet sey". 1757 erfährt man von der Fähre eines Johann Sprengel. In den Befreiungskriegen um 1813 wurde eine Brücke an dieser Stelle zerstört und im gleichen Jahr eine Fähre des Hudemühlener (Hodenhagener) Schiffsbauers Kressmann für 300 Taler angekauft. Diese war bald durch Militärtransporte so ruiniert, dass die Fährleute Wichmann und Wunderlich sich ein Fährschiff aus Brase leihen mussten. Bald danach war eine neue Brücke fertig, und der Fährverkehr erlosch.

Fähre Niedernstöcken:

Das erste Fährboot beförderte 1599 Kirchgänger aus Kl. Grindau. 1851 und 1871 war der Kauf von neuen Fährschiffen für 500 und 750 Taler bei den Hudemühlenern Schiffsbauern Schulz und Mattfeld notwendig. Kurz vor Erbauung der Hammersteinbrücke 1896 musste wegen Schadhaftigkeit eine Fähre aus Helstorf erworben werden.

Fähre Brase:

Hier bestand ab 1843 eine reine Interessentenfähre, nachdem infolge einer Vertiefung des Flusses eine Furt als Verbindung zu den Feldern auf der anderen Flussseite nicht mehr genutzt werden konnte. Im Winter zog man das Fährschiff an Land. Trotz Verzeichnung auf Landkarten von 1900 und 1952 sind die letzten Betriebsjahre nur mündlich überliefert. Die beiden letzten Fährleute hießen Wagner und Winter. Fährmann Winter besorgte als Zubrot Schuhmacherarbeiten. Mitunter musste über Bord gesprungenes Vieh geborgen werden. 1952 erfolgte die Aufgabe des ruinierten Fährschiffs.

Fähre Helstorf-Mandelsloh:

Ab 1720 betrieb Hans Lüssenhop die Fähre gegen jährliche Zahlung von 25 Mariengroschen und 2/3 Stiegen Roggen. Weitere Pächter waren: 1868 Fr. Biester, 1873 Fr. Oppermann. Bei Wechseln war die Zahlung des Weinkaufs fällig (1868

= 5 Taler und 21 Groschen). Ab 1878 mussten Fährleute Prüfungen ablegen und ständig in Bereitschaft sein. Bei Nacht oder Hochwasser durften sie den doppelten Fahrpreis verlangen, bei Eisgang sogar das Dreifache. 1880 kam es zu Streit und Prozess zwischen den Postbehörden und dem Fährmann Heuer: Heuer sollte den Postboten nicht übergesetzt haben. Er entschuldigte sich mit Unwetter, er wäre „bis an den Ruin ins Wasser gekommen". Es ging weiter – Heuer verweigerte kostenloses Übersetzen des Postboten, Postrat Wittmann beschwerte sich beim Neustädter Amtmann v. Schwarzkopf. Dieser verlangte Bestrafung, Heuer gab Widerworte, v. Schwarzkopf fühlte sich beleidigt. Es kam zum Prozess, und Heuer wurde freigesprochen.

1844 wurde der Fährbetrieb durch einen Brückenbau ersetzt.

Abb. 47: Haspel der Fähre Brase (1997).

Fähre Averhoy:

Ab 1752 wurde hier eine Personenfähre von Johann Resmeyer für 24 Mariengroschen Pacht betrieben. Weitere Pächter vor 1882 waren Fr. Bergmann, C. Kahle und H. Landrehr.

1885 war die Fähre stark ruiniert und kein Geld zur Neuanschaffung auftreibbar. Endlich erwarb 1888 eine Gemeinschaft von Einwohnern aus Averhoy und Metel einen intakten Kahn, aber Fährmann Landrehr gab 1893 aus Gesundheitsgründen auf, und weiterer Fährverkehr unterblieb.

Fähre Wulfelade. Hier wurde ein mäßiger Fährbetrieb von 1651 bis 1760 gemeldet. Als Pächter waren bekannt: 1726 Johann Meyer, 1731 Cord Wienbold, 744 Cord Dettmering, dann Fr. Lammers und Heinrich Meyer.

Fähre Basse:

Zuerst betrieben die Familie Hogrefe und der Amtmann Meister die Fähre von 1726 bis 1781, dann eine Gemeinschaft von vier Einwohnern aus Basse. Eine neue Fähre wurde 1782 vom Amt Neustadt bezahlt, ebenso die Verlegung der durch Eisgang beschädigten Fährstelle 1799.

Für die Wasserbaumaßnahmen dieser Zeit, auch die Fähranlagen betreffend, war der bekannte Herrenhäuser Ingenieurhauptmann Zorn zuständig.

Neubauten von Fähren: 1782 durch Gebr. Holzmann (Winsen) für 300 Taler, 1802 durch Schulze (Hudemühlen) für 360 Taler.

1819 gab das Amt Neustadt die Fähre fünf Einwohnern aus Basse in Erbzins, darunter dem Fährmann Conrad Prüser.

Später genannte Fährleute waren 1882 und 1899 Georg Rabe, 1886 Heinrich Koch. Kurz nach 1900 wurde die Fähre aufgegeben für einen Brückenbau. 1945 wird die Brücke gesprengt. Es wurde bis 1963 nochmals eine Fähre betrieben und in dieser Zeit geschahen mehrere Unglücke. Der Fährmann Schulz und ein Fahrgast ertranken, ein Gespann und ein Lastwagen versanken im Fluss.

Fähre Empede:

Hier war nur 1907 ein privates Fährboot des Müllers Körter gemeldet.

Fähren zwischen Neustadt a. Rbge. und Hannover

Fähre Bordenau: Der erste Fährmann an dieser Stelle war 1712 Dietrich Bullermann. Er stahl und verarmte durch Pfändung seines Viehs. Ab 1717 erhielt der Obrist von Campen den Fährkontrakt „zu seyner alleinigen Commodität", also zum Privatgebrauch nebst einer Fußfähre. Aber v. Campen trieb Missbrauch mit seinem Recht. Er setzte zum Nachteil der herrschaftlichen Ricklinger Fähre unerlaubt über, so 1731 einen holländischen Rosshändler mit 17 Pferden. Man drohte ihm „bey straff des Ambts befehl" mit 20 Talern Buße. 1750 wurde der Verdacht geäußert, dass mit der Bordenauer Fähre Schmuggel getrieben werde: „Der Landt-Controlleur Hoffmann hatte angezeigt, daß bey dem Toback-Licent viele Unterschleife vorgingenhen, indem ein gewisser Kerl aus Kleynen Heidorn dieses Handwerk triebe und sich zu Bordenau über die Leine setzen lasse."

Von 1865 bis 1907 trat die Familie Siemer als Fährbetreiber auf, die auf dem Gutshof der v. Schwicheldt wohnte. 1894 war der Fährprahm so marode, dass nur noch 50 Kilogramm befördert werden durften. 1907 wurde dann eine Brücke erbaut.

Fähre Schloss Ricklingen:

Die erste Fähre wurde hier 1673 betrieben. Um 1750 hatten an der Fährstelle Anschwemmungen eine Insel gebildet und die Fährstele musste verlegt werden.

Neukauf von Fährschiffen: 1756 für 328 Taler von Schulze aus Hudemühlen – 1771 für 280 Taler von Leppel aus Heinsen (Weser), 1782 für 300 Taler von Schulze aus Hudemühlen.

Für die 1756 gebaute Fähre benötigte man „Eichenholtz, Ther, Pech und Eysn-Zeuch". Die 1771 gebaute Fähre ging mit einem königlichen Begleitbrief weser-abwärts und über Aller und Leine flussaufwärts: „Wir befehlen unseren Ober/ Haupt/Leuten, die Fehr-Flöße Zoll-Geldes unfrei passiren zu lassen". Ab 1785 war die Fährgerechtigkeit für jährlich 10 Taler und 12 Groschen an die Familie Bradenstahl verpachtet. Diese war verpflichtet, außer der Fähre Fährdamm und Anleger in Stand zu halten. 1820 war der Kauf eines Fährschiffes bei dem Schiffsbauer Kreßmann in Riethagen (heute Hodenhagen, Aller) belegt. Der Fährbetrieb dauerte bis zum Bau einer Straßenbrücke 1895.

Fähre Lohnde:

Ab 1698 durften die Einwohner von Lohnde eine Fähre zu eigenem landwirt-schaftlichen Bedarf betreiben. Sie verstießen bald dagegen, indem der Fährmann Schaper andere Passanten mit ihren Gespannen übersetzen ließ. Ab 1877 war die Fähre Eigentum von 13 Lohnder Hofbesitzern, die Beförderung fremder Per-sonen war inzwischen Gewohnheitsrecht geworden. 1912 beendete ein Brü-ckenbau den Fährbetrieb.

Fähre Seelze:

Anfangs 1664 als Ersatz für eine ruinierte Brücke durch den Gutsherrn v. Bülow eingerichtet, wurde die Fähre später vom Kloster Marienweder mitbenutzt und mit fünf Talern jährlich bezahlt. 1733 wurden hier drei Kompanien des Pontpie-tinschen Regiments übergesetzt, die als „marchirende Troupen" kein Fährgeld zahlen wollten. Nach Einrichten der Landdrostei Hannover im Jahre 1823 zahlte diese 30 Taler Beihilfe zur Anschaffung eines neuen Fährschiffes. An Fährpäch-tern wurden genannt: 1820-1830 Johann Borges, 1830-1840 Heinrich Rind-fleisch, 1840-1870 Heinrich Schlette, 1892 löste eine Brücke die Fähre ab.

Abb. 48: Leinefähre Linden. HAZ-Hauschild-Archiv, Historisches Museum Hannover

Fähre Stöcken-Letter:

1700 richtete Maria Blank, verwitwete v. Anderten, eine Fähre von ihrem Gut „zu Stöckheim" zu ihren Feldern bei Letter ein. Ab 1752 folgte eine weitere private Fähre des Wyneken zu seinen Feldern. Es benutzten aber oft andere Personen diese Fähre. Vor 1893 wurde die Fähre von der Stöckener Familie Graf betrieben, dann bis zum Bau der Schwanenburgbrücke von deren Schwiegersohn Hans Otto.

Fähren im Stadtgebiet Hannover:

a. Die Fähre an der Schwanenburg 1895-1925 wurde, als Ersatz für eine marode Brücke, 1915 durch den Ingenieur Schenk betrieben.

b. Fähre an Justus Gartenlokal auf der Landzunge am Zusammenfluss von Leine und Ihme 1877-1947. Betreiber waren ab 1877 Heinrich Justus und seine Witwe, ab 1935 Charlotte König und Carl Schmidt, ab 1939 Fr. Reuper und Heinrich Bothe. Es verkehrten zwei Fährboote von 7,3 und 7,8 Metern Länge.

c. Die Betriebsfähre der Wäscherei und Schönfärberei Dreyer (1889-1890 Dreyerstraße).

Die Fähre von Ruthe bei Sarstedt: Wegen ständiger Zerstörung der Leinebrücke durch Eisgang wurde 1832 ein Fährbetrieb eingerichtet. Das Fährschiff von 28 Fuß Länge und sieben Fuß Breite wurde für 600 Taler von dem Lindener Schiffsbauer und Schiffer Mattfeldt erbaut. Die Königliche Domänenkammer setzte den Fährmann Bradenstahl ein und zahlte ihm bis 1864 jährlich 123 Taler. 1853 musste man noch ein neues Fährschiff für 723 Taler von dem Schiffsbauer Hartje aus Limmer kaufen. Bradenstahls Witwe führte den Betrieb bis zum Bau einer Brücke 1873 durch den Fährmann Wolf weiter.

Literatur und Quellen

Komitee 1000 Jahre Basse/Armin Mandel: Basse, Dorf im Leinebogen – Berichte, Notizen u. Bilder zum Geschehen von 985-1985, Wunstorf 1985
Akten des Niedersächsischen Landesarchivs -Hauptstaatsarchiv Hannover- (Bestände Hann. 74 Ahlden, Hann. 74 Neustadt, Hann. 74 Linden, Hann. 80 Hannover I, Hann. 96 Hannover, Hann. 96 Hildesheim, Hann. 174 Neustadt)
Akten des Stadtarchivs Hannover (Bestand StAH)

28
Die Allerschifffahrt

Die von 1227 bis 1968 belegte Schifffahrt auf der Aller kann man in sechs Zeitabschnitte mit starker beziehungsweise geringer Intensität einteilen:

a. starker Frachtverkehr 1227-1618
b. Stagnation 1618-1800 außer der Aller oberhalb von Celle
c. Aufschwung der Schifffahrt 1800-1860
d. Stagnation 1860-1900
e. starker Verkehr 1900-1922 mit dem Bau des Celler Hafens
   und der Allerschleusen
f. Abschwung bis zum Ende 1968

Über die Schifffahrt vor dem Dreißigjährigen Krieg

1227 gab Herzog Heinrich, genannt das Kind, der Stadt Braunschweig das Recht auf ungehinderte Schifffahrt über Celle nach Bremen. Frachtgüter waren außer Getreide die Produkte des Harzer Bergbaus. Einzige Zollstätte war Celle, aber die Stadt Lüneburg versuchte sich um 1400 gewaltsam an der Schifffahrt zu beteiligen. Es verkehrten Eken mit bis zu 70 Tonnen Ladung, ab 1450 auch Bordinge mit nur 35 Tonnen Ladung, weil die Wassertiefe abgenommen hatte. 1456 zählte ma 37 Eken und 17 Bordinge, 1458 20 Eken und 30 Bordinge. An Ladungen wurden um 1455 in Celle pro Jahr 157 Last Korn verzollt, 1458 sogar 1055 Last (1 Last = ca. 300 Hektoliter). Talwärts gelangten auch Öl, Wachs, Wolle, Bier, Salz und Holz, bergwärts aus Bremen kamen Fisch, Butter und Käse. Herzog Ernst unterstützte die Stadt Celle, die bis 1618 das Privileg als Stapelplatz genoss. Das Celler Monopol wurde aber oft unwirksam, indem die nunmehrigen Zollstationen Celle, Ahlden und Rethem durch Landtransport umgangen wurden und die Beladung der Schiffe erst in Wetenkamp bei Thedinghausen geschah. Bekannt waren die Bremer Schiffer Römer, Sander, Schröder und Rademacher; als Verfrachter traten auch Adlige auf wie der Herzog Erich I. von Calenberg und der Amtmann von Rethem. Die Akten des Celler Magistrats melden für 1604-1609 jährlich 300 bis 850 Last Korn, dann ging der Transport von Korn stark zurück. Teilweise traten andere Lebensmittel an dessen Stelle, beispielsweise Braunschweiger Bier (Mumme). Um 1618 ging die Schifffahrt fast auf Null zurück.

Nachrichten von 1650 bis 1824

Über diesen Zeitraum sind wenige Belege überkommen, dies auch noch indirekt über Wasserbaumaßnahmen, Zölle und Verwaltungsangelegenheiten. Nach den Wirren des Dreißigjährigen Krieges war die Zahl der Kornverfrachter auf 15 gesunken. Die Passage der Schiffe war durch Mühlen- und Fischereieinbauten sehr erschwert, ebenso durch Sandbänke, Uferbrüche und gesunkene Baumstämme. Die Räumung des Flusses und die Ufersicherung durch die Stackmeister und Schlachtmeister (von Schlagen = Pfahlsetzungen) war stark behindert durch die Zersplitterung der Anliegerterritorien und ihrer Verwaltungen.

Erst 1823/24 einigten sich die Anliegerstaaten auf die Weserschifffahrtsakte beziehungsweise die Zusatzakte mit gemeinsamen Bestimmungen für die Nebenflüsse der Weser. Es bestanden nun bis 1824 Zollstationen in Celle, Ahlden, Rethem, Verden, Inschede und Dreye. Ab 1824 wurde der Zoll nur noch in Dreye erhoben. Allerdings mussten hier die Nachweise der Steuerrezepturen von Celle, Winsen, Ahlden, Rethem und Verden vorgelegt werden. 1824 wurden auch die Zölle auf viele Waren herabgesetzt, darunter Lebensmittel und Schüttgüter. Wie auch auf Weser und Leine fuhr man mit Böcken (maximal 35 Meter Länge, 2,3 Meter Breite und 60 Tonnen Ladung), sie zogen Achterhänge (32 x 2,3 Meter, 55 Tonnen) und Bullen (22 x 1,4 Meter, 18 Tonnen). Wie schon im Bericht über die Leineschifffahrt beschrieben, zogen „Linienziehermannschaften" die Schiffe bergwärts. Ab 1819 wurden an den Ufern verbesserte „Leinpfade" angelegt, für deren Unterhaltung „Triftgelder" gezahlt werden mussten. Außerdem wurden allein 1820 im Amt Ahlden 350 Pferde im Linienzug beschäftigt.

1770-1780 waren folgende Allerschiffer bekannt: aus Bremen Kannengießer, Wolters, Wessel, Hennig, Fincke, Feldhusen und Heuer, aus Verden Reitmann, aus Winsen (Aller) Heinrich Holzmann, Ernst Rothhardt und Johann Lohmann. Die Winsener Schiffer besaßen zusammen fünf Böcke, sechs Bullen und zwei Achterhänge.

Die Schifffahrt auf der Aller
oberhalb Celles 1744-1785

Andeutungsweise wurde berichtet, dass der herzogliche Drost Stechinelli um 1690 erste Wasserbaumaßnahmen für die Schifffahrt auf der Oberaller traf, auch folgten im Jahre 1700 größere Arbeiten mit 248 Mann, die 678 Taler kosteten. Erste Nachrichten über Schiffsverkehr stammten von 1742, als zwei kleine Schiffe 550 Ziegel der neu erbauten Gifhorner Ziegelei nach Wienhausen brachten. auch befuhren 1744 die Schiffer Müller und Lühr mit Holzfracht den Fluß. Nach einer Befahrung durch den Landbaumeister Vick 1744 ließ die kurfürstliche Regierung die Aller von Celle bis Gifhorn und die untere Oker bis Meinersen aufräumen, die Ufer befestigen, Brücken mit Klappen versehen sowie die Schleusen von Wienhausen und Dieckhorst erbauen. Weitere Baumaßnahmen waren die Verbreiterung des Flusses auf 30 Fuß ab Stellfeld, 40 Fuß ab Gifhorn und 60 Fuß ab Müden, auch eine Vertiefung auf vier Fuß. Allein 1747 gab man 5869 Taler dafür aus. Die Regierung finanzierte den Bau von 10 „Schiffsgefäßen", bestehend aus vier großen Schiffen (60 x 11 Fuß) und sechs kleinen Schiffen (40 mal 5,5 Fuß). Anfangs wurden die Schiffer Johann und Christian Müller, H. Speckhan und Lau genannt. 1751 wurde der Winsener Schiffer Johann Heinrich Meyer als „staatlichen Generalunternehmer" angestellt. Er war verpflichtet, die Schiffe und Zubehör in Stand zu halten, für den gesamten Wasserbau und für das Personal. Meyer führte außerdem selber Schiffe. Er empfing jährlich 120 Taler Salär, einen Tageslohn von 12 Mariengroschen, einen Zuschlag von zwei Talern pro Talfahrt und einen Taler pro Schiffslast (= zwei Tonnen), dazu noch freie Wohnung und Brennmaterial. Trotz dieser Aufgaben kündigte Meyer 1756 wegen privater Schulden und trat in braunschweigische Dienste.

Zwei Inventarlisten von 1759 belegen den Bestand von folgenden Schiffen:

136

1. Ein altes, noch brauchbares Schiff von 61 Fuß Länge und 16 1/2 Fuß Breite,
2. ein Bockschiff von 1752 mit 66 Fuß Länge und 10 1/2 Fuß Breite,
3. ein kleines Bullenschiff von 36 Fuß Länge und 6 Fuß Breite,
4. ein kleines Bockschiff von 1753 mit 54 Fuß Länge und 11 Fuß Breite,
5. fünf Torfschiffe von 32 Fuß Länge und 8 Fuß Breite.

Fast wären die Schiffe 1758 im Siebenjährigen Krieg verloren gegangen. Als die hannoversche Armee unter Prinz Ferdinand im Februar 1758 wieder zum Angriff überging und die Aller nach Süden überschreiten wollte, versuchten die Franzosen die Allerschiffe zu vernichten. Der Großteil der Schiffe war aber versteckt worden und konnte nach dem Krieg weiter Dienst tun.

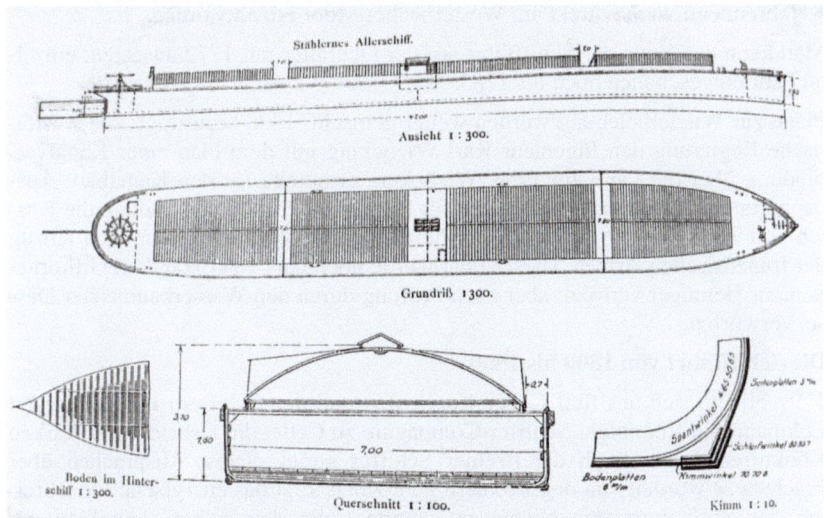

Abb. 49: Riss eines eisernen Allerkahns um 1890.

Aus dem Westerbecker Moor gelangten große Mengen Torf abwärts nach Celle und aufwärts nach Stellfeld (heute zu Wolfsburg), zur Sülfelder Kalkbrennerei und auf der Oker nach Meinersen. Bergwärts wurden Lebensmittel und auch Kohle aus dem Süntel befördert, talwärts nach Celle noch Ziegel, Kalk und Sandsteinplatten aus den Velpker Brüchen.

Ermittelte Gütermengen 1750-1757

Jahr	Stück Torf	Stück Ziegel	Velpker Platten
1750	50000	5095	7229
1751	7000	-	192
1752	55000	-	192
1753	70000	-	-
1754	54000	33200	1184
1755	329000	26720	-
1756	211000	-	-
1757	156000	2071	-

Die finanzielle Seite sah jedoch düster aus. In den genannten Jahren wurde nur 1754 ein geringer Überschuss von 66 Talern erzielt. In den anderen Jahren gab es nur Verlust, 1752 sogar 1080 Taler wegen zu nassen Torfes und vereister Schleusen, die Transporte verhinderten.

Um neue Kunden für die Schifffahrt zu gewinnen, reisten 1752/53 der Auditor Harding und der Fallersleber Kalkbrenner Behne nach Halberstadt, Magdeburg und Bremen. Die dortigen Handelsleute waren zwar sehr interessiert, die Oberaller als Transportweg für ihre Güter zu nutzen, aber es fehlte an Geld und es kam nichts zu Stande. So entschloss man sich 1760 zum Verkauf der meisten Schiffe, zumal man auch nur wenige brauchte, denn eine neue Ziegelei und Kalkbrennerei waren direkt am Westerbecker Moor erbaut worden.

Man kann das Ende der Schifffahrt auf der Oberaller mit 1772 ansetzen, einzelne Fahrten geschahen noch bis 1785.

Pläne zur Wiederbelebung wurden weiter gemacht. 1808 beauftragte die westfälische Regierung den Ingenieur Karl Wiebeking mit dem Plan einer Kanalverbindung über die Ohre zur Elbe. Wiebeking ermittelte für den Kanalbau, Ausbaggerung und Bau neuer Schleusen für Schiffe mit 50 Tonnen Ladung die Kosten von 2,7 Millionen Francs, aber wie man weiß, entfiel der Plan nach Abzug der französischen Armee. Dieser Plan wurde nochmals 1844 von dem Gifhorner Senator Henniger verfolgt, aber nach Prüfung durch den Wasserbaumeister Dassel verworfen.

Die Schifffahrt von 1800 bis 1860

1799 bildete sich aus fünf Celler Kaufleuten und den Schiffern Holzmann und Lohmann die Vereinigte Schiffer-Compagnie zu Celle, die alsbald unter starken Konkurrenzdruck durch die Bremer Schiffer geriet. Selbst Absprachen über Frachtsätze wurden von den Bremern gebrochen. Erst das energische Einschreiten des Zollkommissärs Niemeyer sicherte Celle den halben Anteil an der Fracht. Für die Bergfahrt von Bremen nach Celle brauchte man um 1800 8-10 Tage, für die Talfahrt fünf bis sieben Tage, abhängig vom Zustand des Flusses. Jährlich verkehrten bis zu 84 Schiffszüge mit zwei und drei Fahrzeugen. 1817 erhielt der Bremer Kaufmann Fr. Schröder das Privileg, Dampfschiffe auf Weser und Aller zu betreiben. Er befuhr 1818 mit seinem Dampfschiff „Die Weser" nur einmal die Aller und auch nur bis Verden. Ebenso nur bis Verden fuhren 1840 und 1842 die Dampfer „Roland" und „Prinz Adalbert" der Weserschleppschifffahrtsgesellschaft.

1830-1840 verminderte sich der Verkehr auf 20 bis 30 Schiffszüge im Jahr. Sie beförderten bergwärts 10-18000 Schiffspfund (1250 bis 2250 Tonnen) und talwärts 600-13000 Schiffspfund (750-1625 Tonnen) an Ladung.

1845 bestanden für den Verkehr zwischen Bremen, Celle und Hannover die Aller-Leine-Reihefahrt und die Außerreihefahrt. Reihefahrten waren genossenschaftliche Verbindungen mit Verträgen über Tarife und Transportbedingungen. Zu der ersten Reihefahrt gehörten aus Bremen Albert, die Gebrüder Fincke, Lübbers, Feldhusen sowie deren Erben, aus Celle Claus und Heinrich Mattfeldt,

Ahlden Rothhardt, aus Winsen Otto und v. d. Brelie, aus Hannover und Linden Holzmann und Cord Mattfeldt. Die Eigner besaßen je einen Bullen, zwei besaßen je zwei mit zusammen 1480 Last (0,2220 Tonnen) Ladung.

Außer der Reihe fuhren: aus Bremen Harte, Evers und Chr. Vogeler, aus Verden Kracke, Rolab und Gebr. Moje, aus Westen Hamelmann, Uslar, und Heins, aus Winsen Meyer, Timme, Gerding und Lohmman, aus Rethem Prigge, aus Hannover Egestorff und C. L. Vogeler, während aus Celle kein Eigner auftrat. Die Eigner der Außerreihefahrt besaßen je einen Bullen und ein bis zwei andere Fahrzeuge mit zusammen 756 Last (= 1084 Tonnen) Ladung. Um 1845 war die Lage der Schifffahrt ungünstig. Ungenügend an Größe und Wassertiefe waren die Anlege- und Liegeplätze in Rethem, Hudemühlen (Hodenhagen), Essel, Winsen und Celle. Die Schiffer Bonsieck und Harten befanden den Winterliegeplatz bei Rethem als sehr gefährdet bei Eisgang. In Celle hielten die Schiffer Lübbers und Rothhardt Baggerarbeiten am Liegeplatz an der Einmündung des Magnusgrabens für dringend erforderlich. Die Frachtmengen sanken weiter. Mit dem Transport von Material für den Eisenbahnbau unterstützte die Schifffahrt sogar die Konkurrenz. um 1860 verkehrten nur noch wenige Schiffe.

Stagnation bis 1889 und beginnende Wiederbelebung 1890-1898

Ab 1869 fuhren nur vereinzelt Schiffe. 1868 beklagte sich der Schiffer Körber aus Hudemühlen (Hodenhagen) über die vielen Hindernisse im Fluss. Im selben Jahr wollte ein Komitee die Schleppschifffahrt einrichten, war aber erfolglos. Es standen für den Wasserbau nur geringe Mittel zur Verfügung, 1870 nur 2600 und 1880 auch nur 10000 Reichsmark. Man baggerte im Raum Celle und baute in die Brücken von Ahlden, Rethem und Essel Klappen von 10,5 Metern Berite ein. Den Anstoß zur Wiederbelebung gaben Mitglieder der Schifferfamilie Döhling aus Morsum bei Verden. Die Chronik der Familie nennt folgende Schiffer:

1. Brün (Bruno Döhling (1803-1892) befuhr Aller und Leine mit einem Holzschiff von 100 Tonnen.
2. Johann Heinrich Döhling (Sohn zu 1., 1826-1908) befuhr mit einem Holzschiff der Werft Hartje, Hannover-Limmer die Aller.
3. Brün Döhling (Sohn zu 2., 1857-1889) befuhr mit einem 150-Tonnen-Holzschiff der Werft Schulze (Hudemühlen) Aller und Leine.
4. Bei dem zumeist genannten Schiffer handelt es sich um Heinrich Döhling (Sohn zu 2., 1863-1944) der 1887 einen 80-Tonnen-Kahn bei der Werft Seebeck (Bremen-Rönnebeck) mit einer 38-PS-Dampfmaschine zu dem Heckraddampfer „Leine" umbauen ließ. Er befuhr Aller und Leine vielmals, 1896 sogar die Aller 54-mal mit den Kähnen „Morsum 1 und 2".

1895 und 1896 fuhren außer den Döhlings noch J. und A. Wilkens sowie Moje aus Verden. Sie beförderten Produkte der Landwirtschaft, talwärts fuhren sie Erzeugnisse der Celler Fabrikanten Haacke und Lauenstein.

Tonagemengen: 1891 = 939 Tonnen, 1892 = 411 Tonnen, 1893 = 293 Tonnen, 1894 = 696 Tonnen, 1895 = 1885 Tonnen, 1896 = 3973 Tonnen, 1897 = 2365 Tonnen, 1898 = 2973 Tonnen.

Der nunmehr folgende Verlauf der Allerschifffahrt bis zu seinem Ende liegt nicht mehr im Zeitraum des Arbeitstitels, soll aber stark verkürzt wiedergegeben werden.

1998 gründete der Fabrikant und spätere Senator Albert Haacke zusammen mit 41 Gesellschaftern die Celler Schleppschifffahrtsgesellschaft (CSG). Die CSG steigerte ihren Schiffspark auf vier Dampfschiffe und 30 Schleppkähnen (1913), die 300 Tonnen Ladung fassten. Die eisernen Lastkähne besaßen ca. 49 Meter Länge, sieben Meter Breite und einen Leertiefgang von 26 bis 32 Zentimetern.

1904-1907 wurde der Celler Hafen mit 10800 Quadratmetern Wasserfläche erbaut, dann 1910-1916 die vier Allerschleusen mit je 165 Metern Länge und zehn Metern Breite, ausgelegt für einen Schlepper mit drei Kähnen.

Man transportierte große Mengen Rohöl aus Wietze in speziellen Tankschiffen, so 1912/14 pro Jahr 40- bis 45000 Tonnen. Andere Güter waren Kali, Zement, Holz und Mehl. Niedrigwasser und geringe Frachtmengen führten 1922 zur Aufgabe der CSG und zur Übernahme des Schiffsparks durch die Schleppschifffahrtsgesellschaften aus Bremen und Minden. Nach dem Zweiten Weltkrieg kam es zu einem kurzen Aufschwung, aber dann wieder zu einem Frachtrückgang, der 1968 die Einstellung der Schifffahrt zur Folge hatte. Am 26. Mai 1968 passierten die letzten drei Motorschiffe mit Kali an Bord die Allerschleusen.

Literatur

Von 17 benutzten Büchern werden hier fünf genannt; weitere können beim Autor erfragt werden.

Hermann Meyer: Die Schiffahrt auf der Weser und ihren Nebenflüssen, staatswiss. Diss., Stuttgart 1911
Königlich Preußisches Ministerium für öffentliche Arbeiten: Führer auf den deutschen Schiffsstraßen, Berlin 1893
A. Strack. Die Allerschiffahrt im Wandel der Zeiten, in „Die Weser", Bd. 24, 1953
Hans Szymanski: Die Anfänge der Dampfschiffahrt in Niedersachsen und in den angrenzenden Gebieten von 1817 bis 1867, Wirtschaftswissenschaftliche Gesellschaft zum Studium Niedersachsens, Hannover 1958
Oskar Teubert: Die Binnenschiffahrt, in zwei Bänden, Band 1, Leipzig 1912

Quellen

Akten des Niedersächsischen Landesarchivs -Hauptstaatsarchiv Hannover- (Bestände Hann. 74 Ahlden, Hann. 74 Celle, Hann. 74 Gifhorn, Hann. 80 Hannover I, Hann. 80 Lüneburg, Hann. 122a)
Akten des Landkreisarchivs Celle (Fach 434, 435, 543)
Akten des Stadtarchivs Celle
Statistik des Deutschen Reiches – Binnenschifffahrt 1889-1915
Schleusenbuch Hademstorf

Die Gewinnung und Verarbeitung von Bodenschätzen

29

Die Industriepioniere Egestorff, ihr Bergbau und andere Betriebe

Kalk, Kohle, Zucker und Ziegel, das waren die Grundlagen der Betriebe der Industriepioniere Johann und Georg Egestorff. Allgemein bekannt ist, dass Johann Egestorff sein Wirken in Linden (später zu Hannover gehörig) mit der Gewinnung und Verarbeitung von Steinkohle aus dem Deister begann, die er für das Brennen von Kalk aus seinen Steinbrüchen am Lindener Berg benötigte. Weiterhin ist allgemein bekannt, dass sein Sohn Georg die Saline in Badenstedt und die Maschinenfabrik (später Hanomag) in Linden gründete. Diese Kenntnisse bleiben aber zu sehr an der Oberfläche und berücksichtigen nicht die Betriebszweige, in denen Vater und Sohn Egestorff Pionierarbeit leisteten.

Abb. 50: Georg Egestorff, aus: Wilhelm Treue, Egestorff.

Johann Egestorff (1772-1835) war zwar wenig gebildet, besaß aber ein außerordentliches Gedächtnis und einen ausgeprägten Geschäftssinn. Diese Eigenschaften und eine relative Gewerbefreiheit unter der französischen Besatzung verhalfen ihm zum Einstieg in die industrielle Tätigkeit. Er pachtete 1803 die Kalksteinbrüche und die Kalkbrennerei des Anton Stukenbrock am Lindener Berg. Die Anfangsjahre waren schwierig, aber Johann Egestorff konnte durch seine Gradlinigkeit und Zuverlässigkeit alle geschäftlichen Engpässe überwinden. Er erweiterte durch Zukauf von Grundstücken am Lindener Berg seine Rohstoffbasis und durch den Bau neuer Brennöfen bis auf eine Gesamtzahl von 32 Stück auch seine Produktion. Diese Brennöfen waren einzeln stehende Schachtöfen, die anfangs mit Holz, ab 1809 mit Steinkohle beheizt wurden.

Der Lindener Berg wurde im Laufe der Zeit durch die Steinbrüche arg zerwühlt. Es passierten auch Verletzungen durch unachtsam durchgeführte Sprengungen. Der Rauch der Brennöfen verärgerte wegen des vorherrschenden Westwindes die Bewohner Lindens und Hannovers.

Weiter außerhalb wurde Kalk am Tönniesberg und am Ronnenberger Gipsberg gebrochen. Johann Egestorffs Sohn Georg pachtete 1843-1855 im Breitenholz bei Völksen die Kalksteinbrüche des „Reitenden Försters" Allershausen und brannte dort in zwei Schachtöfen. An Pacht zahlte er an die Gemeinde Völksen jährlich 18 Groschen und 6 Pfennige pro Ofen sowie pro Brand neun Groschen und zwei Pfennige. Auch war er verpflichtet, für den Brand Steinkohle aus dem staatlichen Bergwerk am Daberg zu verwenden.

Wegen entsprechenden Mangels im norddeutschen Flachland schien es angeraten, Baustoffe flussabwärts nach Bremen zu verschiffen. Johann Egestorff kaufte 1819 ein Grundstück an der Ihme (direkt neben der Ihmebrücke, heute Capitol-Theater). Auf diesem Ladeplatz verlud er mittels eines Krans Kalk, Steine und Holz auf Schiffe von vorwiegend Bremer Unternehmern. Die Schiffe waren so genannte Bullen und Böcke mit 75 bis 100 Tonnen Tragkraft. In Bremen vertrieb Johann Egestorffs Bruder Jasper Hinrich die Baustoffe mit gutem Erfolg.

Auch Georg Egestorff betrieb diese Schifffahrt. Er war unter dem Gesellschaftsnamen „Egestorffs Erben" mit drei eigenen Schiffen an der „Reiheschifffahrt" nach Bremen beteiligt. Georg Egestorff stach seinen ebenfalls Branntkalk produzierenden Konkurrenten Dierking aus Schulenburg aus, indem er diesem die Schiffer abspenstig machte. Dessen Protest wurde wegen Georg Egestorffs guter Verbindungen zur Justiz abgelehnt.

Außerdem gingen auch Bauholzflöße der Egestorffs flussabwärts. Dies waren von 1825 bis 1847 insgesamt 126 Flöße, für die 363 Taler an Schleusengebühren gezahlt wurden.

Der Steinkohlenbergbau im Deister und Hils

Johann Egestorff schloss für den Betrieb seiner Brennöfen 1807 einen Pachtvertrag über 40 Jahre für die Bergwerke des v. Platen oberhalb von Wennigsen. Diese im Forstrevier Bröhn liegenden Gruben waren verwahrlost und mussten erst in Stand gesetzt werden. Unter dem Revier Bröhn versteht man das Areal zwischen dem Deisterkamm am Berg Bröhn und dem sogen. Georgsplatz nahe der Wennigser Mark, begrenzt im Nordwesten vom Forellenbach und im Südosten vom Bruchbach. Hier zeugt noch eine lange Reihe von Lichtschächten vom Abbau mit anfangs 16 Bergleuten.

Johann Egestorff übernahm einen Auftrag zur Reparatur der durch Kohlenfuhren stark beschädigten Straße vom Süerßerbrink nach Weetzen. Da er sich aber fachlich und finanziell übernahm, geriet er fast in den Bankrott, kam außerdem noch mit seinem Konkurrenten Freiherr Wilhelm Carl v. Knigge in Streit. Nach der Einigung mit v. Knigge gelang es ihm aber, 1835 die Gruben am Feldberg und Hülsebrink dazuzupachten.

Georg Egestorff kaufte dann 1852 alle drei Gruben. Er hatte aber einen schweren Stand gegenüber der staatlichen Bergwerksverwaltung. Besonders feindselig verhielt sich der Berggeschworene Friedrich August Stopp, der über Jahre hinweg die Abteufung neuer Schächte und die Aufstellung von Dampfmaschinen verhinderte. Um 1860 konnten durch 140 bis 160 Bergleute 19-20000 Tonnen

Steinkohle gewonnen werden. Auch nach dem Tod Georg Egestorffs 1867 verblieben die Kohlengruben im Deister im Familienverbund. Die Förderung ging aber nach 1870 allmählich zurück, ebenso die Zahl der Belegschaft. Man förderte mit 50 bis 70 Bergleuten 6000 Tonnen pro Jahr und weniger.

Als Grubenleiter fungierte von 1867 bis 1900 der Obersteiger Christian Hesse. Man legte 13 neue Schächte an und entwässerte sie durch den 1600 Meter langen „Tiefen Georg-Stollen", der 1864-66 erbaut worden war. Trotz Aufschluss neuer Kohlevorräte musste der Betrieb im Jahre 1900 wegen Wasserproblemen eingestellt werden.

Abb. 51: Reste eines Lichtschachts des Egestorffschen Bergbaus bei Wennigsen.

Ein weiterer Abbau von Steinkohle fand unter Georg Egestorff südlich von Coppengrave (bei Duingen) am Hils statt. Hier fuhren zwei Schächte ein Flöz mit 36-43 Zentimeter Mächtigkeit an, man musste aber wegen des quellenden Tonsteins stark sichern. Vier Bergleute gewannen in den Jahren 1854-1861 insgesamt 53 515 Himten (1 Himten = 31,15 Liter) Kohle, die an Erlös 2206 Taler einbrachten. Dem standen aber 8902 Taler an Ausgaben gegenüber. Dieser Verlust und schlechte Kohlenqualität zwangen Georg Egestorff zur Aufgabe dieser Grube.

Die Egestorffsche Zuckerfabrik

Johann Egestorff hatte bei seinen Besuchen in Bremen die dortigen Zuckersiedereien kennen gelernt, in denen überseeischer Rohzucker gereinigt wurde. Da er Kohle und Kalk (diesen in gelöster Form) selbst zur Verfügung hatte, musste nur noch eine Anlage erbaut und der Rohzucker als Rückfracht per Schiff nach Linden gebracht werden. Egestorff ließ auf seinem Grundstück an der Ihme 1824 durch den Maurermeister Brasch ein Gebäude von 140 x 50 Fuß zum Preis von 16347 Talern errichten. Dieses enthielt einen Produktionsraum mit zwei Lösekesseln und einen Trockenraum mit Ofen und Trockenregalen. Für den Import des Rohzuckers mussten Johann Egestorff und sein Partner und Schwiegersohn Leopold Hurtzig pro Zentner 12 Groschen Eingangssteuer entrichten. Es wurden ein Meister und zehn Arbeiter beschäftigt, und man erzeugte jährlich etwa 200 Tonnen gereinigte Ware der Qualitäten Raffinade und Melis. Nach rückläufigem Geschäft brannte die Fabrik ab.

Abb. 52: Der Blanke-Teich, ehemaliger Stauteich des Egestorffschen Bergbaus bei Wennigsen.

Die Ziegeleien und chemischen Fabriken

Am Lindener Berg hatte Johann Egestorff ab 1818 Grundstücke des Baron v. Alten zur Versorgung seiner nahen Ziegelei mit Tonerde in Pacht, für die er 15 Taler Pachtgeld, 150 Mauerziegel und alle schadhaft gebrannten Ziegel (für v. Altens große Mauer) entrichtete. Als 1830 der Pachtvertrag ablief und Egestorff sich in Ricklingen um ein neues Grundstück bemühte, hintertrieb v. Alten dessen Bemühen. Egestorff gelang es jedoch, 1831 in der Gemeinde Empelde Fuß zu fassen. Die in der Gemarkung Hagenfeld errichtete Ziegelei ist noch auf Karten der Preußischen Landesvermessung um 1900 hart östlich des Bahnübergangs der Nenndorfer Chaussee vermerkt.

Weiter vermerken die gleichen Karten eine Ziegelei auf dem südlichen Gelände der Egestorffschen Maschinenfabrik (Hanomag) und eine weitere im Winkel zwischen Bornumer Straße und Hamelner Chaussee am Deisterplatz, die per Feldbahn mit Ton aus der Leineohe versorgt wurde. 1834 erzeugten alle drei genannten Ziegeleien sechs Millionen Mauer- und Dachziegel sowie Verblender und Faconsteine.

Alle Ziegeleien firmierten zusammen mit der so genannten Zündhütchenfabrik unter „Lindener Zündhütchen- und Thonwaarenfabriken", wobei sich die eigentliche Zündhütchenfabrik auf der Südseite der Bornumer Straße ca. 500 Meter vom Deisterplatz befand. Diese Gesellschaft verwaltete auch den Deister-Bergbau bis 1900 und die Steinbrüche bis 1919. Sie erwirtschaftete an Erträgen: 1901: 28173 Reichsmark, 1907: 89447 Reichsmark und 1912: 143913 Reichsmark.

Zu der 1832 gegründeten Saline in Badenstedt gehörte auch die chemische Fabrik in Nienburg, die Salz- und Schwefelsäure, Soda, Goldschwefel, Chlorkalk und Eisenoxidfarben erzeugte. Dieses Werk bestand wie die Saline bis nach 1950 im Besitz der Kali-Chemie AG.

Literatur

Otto Philipps: Johann und Georg Egestorff – Leben und Wirken zweier niedersächsischer Wirtschaftsführer, 1936 bei Stalling, Oldenburg
Wilhelm Treue: (Johann und Georg) Egestorff (Bedeutende Niedersachsen, Lebensbilder, Heft 4), hrsg. von der Niedersächsischen Landeszentrale für Heimatdienst, ohne Ortsangabe (Hannover) 1956

Quellen

20 Akten des Niedersächsischen Landesarchivs -Hauptstaatsarchiv Hannover- (Bestände Hann. 80 Hannover, Hann. 88 A, Hann. 180 Hannover, Hann. 190 Acc. 11/96, Hann. 82 a Springe)

30
Die Moore um Hannover

Im Gebiet der Region Hannover befinden sich mehrere Moore. Einige weitere sind seit langem kultiviert, so beispielsweise im hannoverschen Stadtgebiet das Seckbruch und die Breite Wiese sowie westlich der Stadt das Meyenfelder Moor. Jahrhunderte lang dienten die Moore der Gewinnung von Brennstoff, bis sich in der Mitte des 19. Jahrhunderts die Steinkohle durchsetzte. Dann folgte eine Zeit der industriellen Nutzung, die immer noch nicht abgeschlossen ist. Erst in jüngerer Zeit besann man sich auf die Bewahrung der Moore als Biotope und stellte sie zum größten Teil unter Schutz.

Kurze Kennzeichnung der Moore (nach Schneekloth und Werner 1970):

1. Altwarmbüchener Moor mit 15,5 Quadratkilometern und 1,0 bis 5,3 Meter Mächtigkeit,
2. Bissendorfer Moor mit 8,0 Quadratkilometern und 0,4 bis 7,0 Meter Mächtigkeit,
3. Oldhorster Moor mit 4,6 Quadratkilometern und 0,5 bis 1,5 Meter Mächtigkeit,
4. Otternhagener Moor mit 8,5 Quadratkilometern und 0,5 bis 4,0 Meter Mächtigkeit,
5. Totes Moor mit 32,0 Quadratkilometern und 0,5 bis 8,4 Meter Mächtigkeit.

Abb. 53: Der ehemalige Moorkrug bei Poggenhagen, einst Wohnung des Moorvogts.

Alle oben genannten Moore sind Hochmoore.

Weitere Moore mit nur 0,5 bis 1,4 Quadratkilometern Fläche sind das Trunnenmoor (bei Burgwedel), das Schwarze Moor (bei Resse) und das Niedermoor (bei Lindwedel). Als heute kultivierte Flächen sind zu nennen das Meyenfelder

Moor, die Breite Wiese (bei Hannover-Kleefeld) und das Seckbruch (bei Hannover-Misburg).

Torf: Bildung und Verwendung

Die Moore unserer Gegend begannen sich ab 8000 v. Chr. zu bilden. Die hier vorherrschenden Hochmoore bildeten sich auf nährstoffarmem Untergrund (Sand, manchmal Kalkmudde) mit Wasser von hohem Säuregrad (pH-Wert 4-5), wobei als Pflanzen Sphagnummoose überwogen, hier Sph. Acutifolia und Sph. magellanicum. Niedermoor gedeiht dagegen in nährstoffreichem Medium.

Bis 1900 und nach den beiden Weltkriegen wurde Torf als Brennstoff verwendet: Luftgetrockneter Schwarztorf hat einen Wärmeinhalt von bis zu 3700 Wärmeeinheiten. Hochmoor ist reiner als Niedermoortorf und gibt nur 2,5 Prozent Asche, Niedermoortorf zehn Prozent. Später diente Torf als Streumittel, Isolier- und Verpackungsmaterial, auch wurde und wird es immer noch bei Badekuren eingesetzt. Heute geht der Torf als Bodenverbesserer in den Gartenbau, hier zu 80 Prozent als Weißtorf.

Manueller und maschineller Torfstich

Der Handstich wurde mit regional verschiedenen Geräten ausgeübt, hauptsächlich Gabeln und Spaten. Die beim „hannoverschen Stich" gewonnenen Soden hatten ein Maß von 25 x 8 x 9 Zentimetern. Ein Mann und eine Frau gewannen zusammen pro Kopf und Stunde 0,9 Kubikmeter. 1828 holte man sich eine Vierermannschaft aus Papenburg, um den „ostfriesischen Stich" einzuführen, der bei größerem Sodenmaß eine stündliche Leistung von 1, 0 cbm pro Kopf ergab. Wegen des lockeren Zustandes des hiesigen Torfs konnte sich die ostfriesische Methode nicht durchsetzen.

Andererseits beschrieb man 1840 eine Torfstichmethode, bei der eine fünfköpfige Mannschaft arbeitete, bei der ein Bunker (Abheben der Bunkerde), ein Gräber, ein Stecher, ein Karrensetzer und ein Karrenschieber zusammenarbeiteten.

Die Trocknung erfolgte in „Speckhaufen", in Ringen und Reihen. Bei günstigem Wetter waren die Soden nach acht Tagen durchgetrocknet.

Ab 1853 wurden im Toten Moor bei Neustadt a. Rbge. erste Versuche mit Torfstechmaschinen ausgeführt. Die um 1910 von der Firma Dyckerhoff in Poggenhagen entwickelte Maschine schnitt senkrechte Platten aus der Torfwand und zerteilte sie mittels eines Messerrahmens. Man erhielt so in acht Stunden fast 30000 Soden. Später wurden verschiedene Typen von Stechmaschinen, Baggern und Fräsen eingesetzt.

Der Transport auf Wegen und Kanälen

Durch die Moore waren Fahrdämme angelegt, auf denen der getrocknete Torf mit Pferdewagen abgefahren wurde. Als Zwischenlager waren Scheunen erbaut. In zwei Fällen erfolgte in unseren Mooren die Verschiffung auf Kanälen. Der erste Schiffgraben aus dem Altwarmbüchener Moor zur Stadt Hannover entstand 1745/47 durch Ausbau und Verlängerung des natürlichen Abflusses nach Plänen des Kammersekretärs Voigt. Es wurden neun Schleusen angelegt, und auf dem Kanal verkehrten Schiffe von 40 Fuß Länge und 10 Fuß Breite, die pro Ladung bis zu 5000 Soden beförderten. Der Kanal stand jedoch nur 20 Jahre in voller Blüte, dann verfiel er trotz großer Bemühungen der Stadt Hannover und wurde um 1850 stillgelegt.

Der zweite Schiffgraben wurde 1752/54 bei Poggenhagen von der Leine ins Hohe Moor angelegt. Er sollte sogar bis zum Steinhuder Meer verlängert werden, erreichte dann aber nur mit Hilfe von vier Schleusen den Wunstorfer Damm. Bei der Aushebung gab es erheblichen Streit mit der Besitzerin des Gutes Poggenhagen um die Breite des Kanals. Der Schiffgraben soll 500 Ruten lang, neun Ruten breit und sechs Fuß tief gewesen sein. Heute jedoch ist der obere Teil fast verlandet. Der Torf dieses Gebiets gelangte bis 1810 hauptsächlich leineaufwärts zur herrschaftlichen Ziegelei Herrenhausen – jährlich bis zu 1000 Fuder zu je 1000 Soden. Als erste Torfschiffer wurden Bullermann, Schmidt und Rauenfeld genannt. Es waren sechs Torfschiffe im Einsatz, und bei Bedarf mietete man noch Schiffe des Neustädter Schleusenmeisters Balthasar Buchholz hinzu. Ab 1810 erlosch die Torfschifffahrt, da die Erhaltung des Kanals vernachlässigt wurde.

Der Beginn der industriellen Verarbeitung

Torf wurde schon 1857 in der Neustädter Eisenhütte des Eduard Nehse bei der Eisenherstellung verwendet. Nehses Nachfolger, der bekannte Eisenbahnindustrielle Bethel Henry Strousberg, ging zur Herstellung von Generatorgas aus Torf nach dem Siemens-Verfahren über und erzielte damit gute Erfolge. 1862 produzierte der Chemiker Versmann aus London Torfbriketts. 1910 errichtete der Fabrikant Rustemeyer in Poggenhagen ein Werk zur Herstellung von Torfstreu und der Fabrikant Engelke eine ähnliche Firma in Klein Heidorn.

1912 begann die Firma Dyckerhoff (Torfverwertung Poggenmoor) mit der Errichtung eines Torfstreu- und Torfplattenwerks als Nachfolgerin der Neustädter Firma Sittig und Joch. Dyckerhoff legte vom Torflagerplatz zur Fabrik eine 910 m lange Kettenförderbahn an. In der Fabrik wurde der Torf gepresst und danach zu Platten zersägt. Das frühere Haus des Moorvogtes, der langjährige Moorkrug, diente als Werkskantine und Konsumgenossenschaft.

Die Verwaltung der Torfmoore

Jahrhunderte langer Torfstich hatte zu untragbaren Zuständen geführt, so dass dann in der Mitte des 18. Jahrhunderts der Staat ordnend eingriff, auch in der Absicht, daraus Geld einzunehmen. Bis etwa 1810 wurden Moorflächen in Erbzins vergeben. Als untere Beamte wurden Haus- und Moorvögte eingesetzt, für größere Bezirke Moorkommissare.

Aufgabe der Moorvögte war, die Aufsicht über die Moore zu führen, die Wasserbaumaßnahmen zu überwachen und die finanziellen Angelegenheiten betr. Moorsachen zu regeln. Auch hatten sie die zahlreichen Diebstähle einzudämmen (1838 der berüchtigte Heinrich Doder). Das Verbot des Torftransports mit Säcken wurde aber so gut wie nie befolgt.

Die Herrschaft ließ die Moore vermessen und durch Pfähle oder „Versteinung" parzellieren. Gegen Gebühr wurden Flächen an Interessenten ausgewiesen. Von dem Torf, der durch Herrendienste erhalten wurde, erhielten die „Deputatisten", also Amtspersonen, die Geistlichen, Institutionen und bestimmte Gutsherren, einen Anteil.

Die Untertanen waren verpflichtet, als Herrendienste Torf zu stechen und zu fahren sowie die Gräben zu erhalten. Diese Arbeiten wurden zum Teil bezahlt: Im Amt Langenhagen gab man 1837 für 1186 Arbeitstage = 296 Taler und im Amt Ricklingen = 159 Taler. Trotzdem wurden diese Dienste widerwillig oder überhaupt nicht ausgeführt, sodass Straftage verhängt wurden, 1833 im Amt Langenhagen 59 Tage.

Auch der Torfverkauf wurde streng geregelt. Selbst der Polizeidirektor in Hannover bestimmte, an welchen Tagen, zu welcher Uhrzeit und in welchen Straßen verkauft werden durfte. Übertretungen wurden mit zwei Talern Strafe geahndet.

Die Kultivierung der Moore

Ab 1752 wurden auf abgetorften Flächen am Poggenhagener Schiffgraben die ersten Moorbauern angesiedelt. Die ersten Siedler des späteren Orts Moordorf hießen Friedrich, Conrad und Ludwig Kiel, Friedrich Melfitz, Heinrich Dangers, Heinrich Butterbrod und Gottlieb Förster. Moordorf entwickelte sich sehr zögerlich; eine Karte von 1800 mit Personennamen weist keinen weiteren Zugang auf. Es existierte nur noch der Moorkrug, in dem der Moorvogt wohnte. Später legte man Forstkulturen an, um eine breitere Versorgung zu haben, musste aber 1827 die Kolonisten mit Roggenlieferungen unterstützen.

Ab 1784 wurde das Seckbruch östlich von Hannover durch die Anlage des Flöthgrabens zum Laher Graben hin entwässert und damit die Grundlage für Wiesenkultur gelegt.

Im Altwarmbüchener Moor wurden 1828 vergebliche Versuche zur Anlegung einer Buchweizenkultur unternommen. Weitere Kulturen brachten unangenehme Umstände mit sich, indem große Torfflächen abgebrannt wurden, die Unmengen an Rauch erzeugten. in die Asche brachte man dann die Saat ein. Diese unselige Methode hielt sich bis zum Anfang des 20. Jahrhunderts und wurde erst 1923 durch Gesetz verboten.

Der durch seine Landreformbemühungen bekannte Kaufmann Gustav von Gülich (1791-1847) unternahm 1845/47 auf 20 Morgen des Hohen Moores bei Neustadt den Versuch, eine Wiesenkultur anzulegen. Sein Tod 1847 und der Wegzug seines Aufsehers Buschmann beendeten das Unternehmen zu früh.

Brände

Immer wieder wurden die Moore von Bränden heimgesucht. 1783 brach auf dem herrschaftlichen Anteil ein Feuer aus, dessen Löschen durch die „erwiesene vorsätzliche Widerspenstigkeit" der Einwohner der Dörfer Hainholz, Herrenhausen und List behindert wurde. Die Folge dieser Verweigerung war eine Geldbuße an die Langenhagener Amtskasse. Vom Altwarmbüchener Moor wurde 1827 ein Brand gemeldet, der in dem Groß Horster Anteil ausbrach und eine

Breite von vier Kilometern erreichte. Da die Einwohner mehrerer Orte nur zögerlich eingriffen, verhinderte nur der Iltener und Bilmer Damm das Übergreifen des Feuers auf den Misburger und Ahltener Wald. Im Langenhagener Anteil des Bissendorfer Moores entstanden 1829 durch Fahrlässigkeit zwei Brände, die eine harte Bestrafung nach sich zogen.

Abb. 54: Der Schiffgraben bei Poggenhagen.

Noch etwas Geschichte zu einzelnen Mooren:

Das Meyenfelder Moor

Berechtigt waren hier die Einwohner von Meyenfeld, Ricklingen, Havelse, Garbsen und Berenbostel. Ausweisungen sind von 1720 bis 1856 belegt, darunter 1766 durch den Amtmann Dreppenstädt, 1772 durch den Moorvogt Immelmann und 1803 durch den Moorvogt Evers. Es fanden mehrfach Neuvermessungen statt: 1766 mit Erweiterung um die Garbsener Fuhren, 1788 durch den Feldmeister Engelke, 1800 durch den Kondukteur Greve und 1834 durch den Auditor Wedekind.

Der durch seine Moorkultivierung bei Bremen bekannte Moorkommissar Jürgen Findorf wurde 1764 und 1774 zu Besichtigungen gebeten, bei denen er Empfehlungen zur Entwässerung gab.

Das Otternhagener und Helstorfer Moor

Berechtigt waren die Einwohner von Otternhagen, Bordenau, Scharrel, Metel, Muttmersen und Frielingen. Die Grenze zwischen dem Otternhagener Bereich und dem der anderen Orte wurde 1826 durch Ziehung eines Grenzgrabens festgelegt, das Helstorfer Moor wurde 1852 zwischen Helstorf und Luttmersen ge-

151

teilt. Ab 1900 war das Moor so stark zerstochen, dass es sich nur noch für die Gewinnung von Torfstreu eignete.

Das Oldhorster Moor

1862 wurden die Eigner aus Oldhorst, Burgwedel, Lohne und Isernhagen durch den Mooraufseher Weckenberg zur Ziehung eines Grenzgrabens um das Moor verpflichtet.

Das Bissendorfer Moor

1716 wurden auf dringendes „Supplizieren" von Einwohnern aus Osterwald Moorteile durch den Ricklinger Amtmann und den „Gräntzsecretarii" Meyers vergeben. Berechtigt wurden dann auch Einwohner aus Engelbostel, Stelingen, Kaltenweide und Langenhagen. 1756 wurden nach einer Vermessung durch den Konducteur Benoit 139 Interessenten notiert. Ein Grenzgraben wurde zwischen den Ämtern Langenhagen und Bissendorf gezogen. Um 1800 lieferte man an die herrschaftliche Ziegelei Herrenhausen 3000 Faden, an die Königliche Kammer 4000 Faden Torf (1 Faden = ca. 1,7 Kubikmeter).

Während der napoleonischen Besetzung gab der Amtmann Müller für 20 bis 40 Taler Torfanweisungen heraus, die ab 1813 wieder eingezogen wurden. Die heutigen Torfbestände gelten als minderwertig.

Die Moore bei Neustadt a. Rbge.

Als Berechtigte galten die Einwohner von Neustadt, Wunstorf, Klein und Groß Heidorn, Steinhude, Luthe, Bordenau, Idensen und andere, dazu die Abtei Wunstorf (Abbatisten) und Private wie der Gutsbesitzer von Poggenhagen. 1835 wurden 290 Berechtigte gezählt.

Das Amt Neustadt wies in Torfregistern der Jahre 1753-1792 eine Einnahme von 13384 Talern für 13823 Fuder aus, der Ausgaben von 13372 Talern gegenüberstanden, was also nur 12 Taler Überschuss bedeutete. Ursache war die Gratisabgabe von über ein Drittel der Menge an die Deputatempfänger. Eine Preiserhöhung ab 1800 ließ jedoch den Überschuss erheblich steigern, so 1852-1854 sogar auf 1291 Taler. 1762 versuchte man, aus Torf Meilerkohle zu brennen, und 1857 klagte der Kaufmann und preußische Kommerzienrat Carl Cohn gegen die Neustädter Eisenhütte, die widerrechtlich auf fiskalischem Moor abgebaut hatte. Ab 1913 fand nur industrieller Abbau statt.

Das Altwarmbüchener Moor

Hier traten die Einwohner der direkten Anliegerorte auf (Horst, Stelle, Altwarmbüchen), dazu die der Orte des Großen Freien, die Stadt Hannover und ihre heutigen Teile, auch entfernter liegende Orte und Private. Das Moor wurde mehrfach vermessen: 1718 durch Hauptmann Michaelsen, 1750 durch den Auditor Cordemann, 1801 durch den Moorkommissar Meyer. Hannover erhielt schon 1365 durch den Herzog Wilhelm von Braunschweig-Lüneburg das Privileg, Torf auf dem Wasserweg in die Stadt zu bringen. Dieser Wasserweg, der spätere Schiffgraben, war nur zum Teil befahrbar. Erst 1746 nach dem Ausbau gelangten große Torfmengen in die Stadt und senkten den Preis um ein Drittel. Die benachteiligten Bauern aus der Nähe des Moores, die bisher den Torf in die Stadt gefahren hatten, beschädigten die Anlagen, wo sie nur konnten. Die Stadt gab viel Geld für Reparaturen aus, so dass 1750 mit 132 Schiffen 0,75 Millionen Soden in die Stadt gelangten. es wurde Torf an Institutionen geliefert wie das Waisenhaus, die Diakonissenstation und an das „Rettungshaus für sittlich verderbte Kinder in Ricklingen vor Hannover". Ab 1770 hatte der Schiffgraben oft wenig Wasser, dann wieder kam es durch Stau zu Überschwemmungen. Das Ende des Betriebes ist mit 1850 anzusetzen. Seit 1800 wandelte man vom Rand aus abgetorfte Flächen in Weiden um, Versuche mit Mergeldüngung verliefen erfolglos. Ab 1900 gewannen nur noch einige Private Torf, eine Kultivierung oder industrielle Nutzung wurde als zu teuer befunden.

Literatur

Heinrich Schneekloth, Siegfried Schneider: „Erläuterungen zur Geologischen Karte der Bundesrepublik Deutschland, Blatt Hannover", in: Schriften der wirtschaftswissenschaftlichen Gesellschaft zum Studium Niedersachsens e. V. , N. F. , 96,1, Göttingen 1970.
Anton Scholand: „Zur Geschichte des Altwarmbüchener Moores", in: Mitteilungen der Provinzialstelle für Naturdenkmalpflege, H. 2, Hannover 1929
Bruno Tacke, Gustav Keppeler: „Die niedersächsischen Moore und ihre Nutzung", in: Schriften der wirtschaftswissenschaftlichen Gesellschaft zum Studium Niedersachsens, 1941 bei Stalling, Oldenburg.

Quellen

130 Akten des Niedersächsischen Hauptstaatsarchivs Hannover (Bestände Hann. Burgdorf-Ilten, Hann. 74 Burgwedel, Hann. 74 Langenhagen, Hann. 74 Neustadt a. Rbge., Hann. 80 Hannover, Hann. 88a)

Matthias Blazek

Unter dem Hakenkreuz

Die deutschen Feuerwehren 1933-1945

ISBN 978-3-89821-997-6
154 S., Paperback, € 15,90

Erhältlich in jeder Buchhandlung
oder direkt bei

ibidem

In diesem Werk wendet sich der Journalist und Historiker Matthias Blazek der Geschichte des Feuerwehrwesens in Deutschland zu, und zwar speziell in den Jahren der nationalsozialistischen Herrschaft 1933-1945. Mit der Machtergreifung der Nationalsozialisten startete die Gleichschaltung der Behörden und Einrichtungen. Ein erster Schritt, die Feuerwehren einzugliedern, war das preußische Feuerlöschgesetz von 1933. Die Feuerwehren unterstanden nun nicht mehr der gemeindlichen Aufsicht, sondern den Polizeiaufsichtsbehörden. In den folgenden Jahren wurde das Gesetz auf das gesamte Reich übertragen. Demokratisch denkende Führungskräfte wurden sukzessive gegen Parteitreue ausgetauscht. Einheitliche Satzungen bildeten die Rechtsgrundlage, die keine Ausnahmen mehr zuließ. Gegen Ende des Zweiten Weltkriegs wurden die freiwilligen Feuerwehren Deutschlands dem SS-Strafgesetz von Heinrich Himmler unterstellt. Matthias Blazek gelingt es in seiner Studie, die wohl schwerste Zeit für die freiwilligen Feuerwehren Deutschlands differenziert zu betrachten. Der Leser erfährt, dass für die jüdischen Mitbürger kein Platz mehr war unter den Freiwilligen der Feuerwehren.

Auch die großen Bombardements, denen Deutschland ab 1940 ausgesetzt war, werden aus Feuerwehrsicht thematisiert. Beispiele aus zahlreichen Ortsfeuerwehren machen die sachliche Analyse anschaulich. Am Ende helfen Orts- und Personenregister dem Forscher auf der Suche nach Fakten.

Dem Journalisten Matthias Blazek, Jahrgang 1966, ist mit diesem Buch ein besonderes Werk gelungen, das das vorhandene Schrifttum über das deutsche Feuerwehrwesen sinnvoll ergänzt. Ein Muss nicht nur für den Feuerwehr-Historiker und aktiven Feuerwehrmann. Dieses Buch spiegelt auch ein Gutteil deutsche Geschichte wider und zeigt auf, wie wichtig die Güter Demokratie, das Recht auf Mitbestimmung und auf freie Meinungsäußerung sind.

Matthias Blazek

**Das Kurfürstentum Hannover
und die Jahre der Fremdherrschaft
1803-1813**

ISBN 978-3-89821-777-4

152 S., Paperback, € 14,90

Erhältlich in jeder Buchhandlung
oder direkt bei

ibidem

Die französische Fremdherrschaft, die "Franzosenzeit" der Jahre 1803 bis 1813, war die Zeit, in welcher der französische Kaiser Napoleon I. Niedersachsen in sein Kaiserreich einverleibte und für seinen jüngsten Bruder, Jérôme Bonaparte, ein neues Königreich, das Königreich Westfalen, schuf.

Es war die Zeit, in der der westliche Nachbar dem Hannoverland seinen Stempel aufdrückte, der gewiss in einigen Bereichen gute Einflüsse ausgeübt hat. Es war allerdings auch die Zeit, in der das hannoversche Volk für den verlustreichen Feldzug nach Moskau rekrutiert wurde, jenes schlimme Szenario, dem weit über die Hälfte der Teilnehmer aus Kurhannover zum Opfer fielen.

Der Autor:

Matthias Blazek, geboren 1966 in Celle, Abitur 1987 an der Lutherschule Hannover, Studium an der Fachhochschule für Allgemeine Verwaltung in Hildesheim, verheiratet, 3 Kinder, Publizist, Verfasser zahlreicher Dorf- und Verbandschroniken und Autor des "Sachsenspiegels" der "Celleschen Zeitung", hat sich in seinem jüngsten Werk in mühevoller Archivarbeit eines Themas angenommen, das einen fundierten Einblick in diesen kurzen, aber prägenden Abschnitt der niedersächsischen und hessischen Landesgeschichte gewährt.

Alles in allem legt er ein interessantes Nachschlagewerk für Chronisten, Heimatkundler, historisch Interessierte und Freunde der französischen Kultur vor.

ibidem-Verlag

Melchiorstr. 15

D-70439 Stuttgart

info@ibidem-verlag.de

www.ibidem-verlag.de
www.ibidem.eu
www.edition-noema.de
www.autorenbetreuung.de